中国建筑业统计年鉴

CHINA STATISTICAL YEARBOOK ON CONSTRUCTION

国家统计局固定资产投资统计司 编

Compiled by the Department of Investment and Construction Statistics, National Bureau of Statistics

2023

图书在版编目（CIP）数据

中国建筑业统计年鉴 . 2023 / 国家统计局固定资产投资统计司编 . -- 北京 : 中国统计出版社 , 2023.12
ISBN 978-7-5230-0327-5

Ⅰ . ①中 … Ⅱ . ①国 … Ⅲ . ①建筑业－统计资料－中国－ 2023 －年鉴 Ⅳ . ① F426.9-66

中国国家版本馆 CIP 数据核字 (2023) 第 219019 号

中国建筑业统计年鉴 2023

作　　者 / 国家统计局固定资产投资统计司
责任编辑 / 郭　栋
执行编辑 / 刘　晨
封面设计 / 李雪燕
版式设计 / 张　冰
出版发行 / 中国统计出版社有限公司
通信地址 / 北京市丰台区西三环南路甲 6 号　邮政编码 /100073
发行电话 / 邮购（010）63376909　书店（010）68783171
网　　址 / http://www.zgtjcbs.com/
印　　刷 / 北京厚诚则铭印刷科技有限公司
经　　销 / 新华书店
开　　本 / 890mm×1240mm　1/16
字　　数 / 420 千字
印　　张 / 17.75
版　　别 / 2023 年 12 月第 1 版
版　　次 / 2023 年 12 月第 1 次印刷
定　　价 / 160.00 元

如有印装差错，由本社发行部调换。

《中国建筑业统计年鉴2023》

说　明

《中国建筑业统计年鉴 2023》是一部全面反映中国建筑业发展情况的权威资料。本书收集了全国和各省、自治区、直辖市 2022 年度有关建筑业发展方面的统计数据。

《中国建筑业统计年鉴 2023》资料直接由 2022 年全国建筑业统计报表基层数据库加工形成。为保证本年鉴数据与历史数据的可比性，2022 年建筑业年鉴的范围是具有总承包或专业承包建筑业企业资质等级的所有独立核算的建筑业企业。

本年鉴资料分为五个部分：一、综合；二、按经济类型分组的建筑业企业；三、中央和地方建筑业企业；四、按资质等级分组的建筑业企业；五、各行业建筑业企业。每部分资料的编排，根据制度和实际工作要求，既有按经济类型的分组，又有按行业的分组。在各分组中又分别设置了反映建筑业总产值、各种用途的房屋建筑竣工面积、技术装备、实收资本、资产和负债、利润和税金等方面情况的表式。

使用本年鉴资料时请注意以下几点：

1. 本年鉴所涉及的全国性统计数据，均未包括香港、澳门特别行政区和台湾省数据。

2. 本年鉴资料各项相加不等于总计均由于四舍五入的缘故。

3. 本年鉴资料各表中的“空格”表示该项统计指标数据不是本表最小单位数、数据不详或无该项数据。

4. 本年鉴资料由国家统计局固定资产投资统计司编印并负责解释。

咨询电话：010-68782620,010-68783393

邮箱：tzjzc@gj.stats.cn

由于编辑时间比较仓促，本书难免存在一些不妥之处，欢迎广大读者批评指正。

目　录

一、综　合

二、按经济类型分组的建筑业企业

三、中央和地方建筑业企业

四、按资质等级分组的建筑业企业

五、各行业建筑业企业

一、综 合

1-1　历年建筑业企业概况

年　份	总　计	国有企业	集体企业	港澳台商投资企业	外商投资企业	其　他
企业单位数(个)						
2000	47518	9030	24756	635	319	12778
2005	58750	6007	8090	516	388	43749
2006	60166	5555	7051	479	370	46711
2007	62074	5319	6614	482	365	49294
2008	71095	5315	5843	474	363	59100
2009	70817	5009	5352	444	351	59661
2010	71863	4810	5026	416	331	61280
2011	72280	4642	4847	393	303	62095
2012	75280	4602	4640	385	295	65358
2013	78919	3847	3728	390	272	70682
2014	81141	3753	3589	369	261	73169
2015	80911	3603	3318	343	249	73398
2016	83017	3593	3154	326	222	75722
2017	88074	3453	2873	334	218	81196
2018	96544	3358	2546	266	203	90171
2019	103805	3309	2324	245	190	97737
2020	116722	3746	2180	235	183	110378
2021	128743	3920	1928	227	189	122479
2022	143446	4439	1821	230	201	136755
从业人员(万人)						
2000	1994.3	635.6	887.5	8.2	4.4	458.6
2005	2699.9	480.0	361.6	8.6	10.8	1838.9
2006	2878.2	467.6	332.0	8.9	8.1	2061.6
2007	3133.7	470.1	317.0	9.8	11.4	2325.4
2008	3315.0	472.1	266.8	10.5	9.2	2556.4
2009	3672.6	518.9	246.8	10.9	10.2	2885.7
2010	4160.4	576.9	246.5	12.2	9.8	3315.1
2011	3852.5	444.9	220.4	11.3	9.9	3166.0
2012	4267.2	457.8	216.2	13.0	10.3	3570.0
2013	4528.4	387.7	187.1	16.5	10.1	3927.0
2014	4537.0	371.2	175.0	15.4	8.6	3966.7
2015	5093.7	417.6	169.0	17.9	9.2	4480.0
2016	5184.5	438.1	168.2	16.1	8.7	4553.4
2017	5529.6	428.4	158.7	19.0	7.7	4915.8
2018	5305.2	438.5	123.2	17.6	7.6	4718.4
2019	5427.1	406.1	115.1	14.3	6.8	4884.8
2020	5367.0	432.3	103.5	18.0	7.8	4805.4
2021	5282.4	459.6	90.2	14.7	7.2	4710.7
2022	5141.6	464.5	79.3	17.3	7.2	4573.3
建筑业总产值(亿元)						
2000	12497.60	5053.79	4035.84	99.18	67.49	3241.30
2005	34552.10	8432.03	2815.20	172.54	249.03	22883.30
2006	41557.16	9218.56	2904.48	240.52	274.87	28918.73
2007	51043.71	10630.90	3153.65	281.95	396.32	36580.90
2008	62036.81	12231.66	3216.43	321.07	387.14	45880.52
2009	76807.74	15190.05	3281.75	334.59	415.17	57586.19
2010	96031.13	18148.59	3655.27	443.96	439.68	73343.64
2011	116463.32	20436.81	4306.49	612.68	658.17	90449.18
2012	137217.86	22930.19	4919.00	649.74	476.99	108241.94
2013	160366.06	20739.02	4524.68	621.96	607.72	133872.68
2014	176713.42	22069.45	4681.80	661.67	643.20	148657.29
2015	180757.47	21767.07	4364.40	693.34	606.24	153326.42
2016	193566.78	23849.02	4388.75	683.99	525.21	164119.81
2017	213943.56	26414.38	4317.92	799.36	547.30	181864.60
2018	225816.86	28273.22	3615.37	743.74	639.04	192545.49
2019	248443.27	30662.35	3690.94	750.80	593.89	212745.29
2020	263947.39	34882.17	3457.26	1211.48	962.32	223434.18
2021	289277.01	37629.35	3295.09	1295.66	958.96	246097.95
2022	307935.38	44090.32	3013.66	1455.59	885.46	258490.35

注：1.2000年数据为资质等级(旧资质)四级及四级以上建筑业企业数据，2005年及以后数据为所有具有施工总承包、专业承包资质等级的建筑业企业数据。不同口径数据不可比，以下各表同。

2.本表从业人员数为期末从业人员数。

3.本表对2021—2022年建筑业建筑业总产值指标数据进行了修订，主要原因是：(一)加强统计执法，对统计执法检查中发现的问题数据，按照相关规定进行了改正。(二)加强数据质量管理，剔除主营业务为非建筑业企业在库数据。

1−2 按经济类型划分的建筑业企业主要经济指标

指标		合计	内资企业	#国有	#集体
企业个数	(个)	143446	143015	4439	1821
从业人员	(万人)	5142	5117	465	79
自有固定资产原价	(亿元)	23062	22882	3691	254
自有施工机械设备总台数	(万台)	574	573	54	16
自有施工机械设备净值	(亿元)	3696	3691	461	50
自有施工机械设备总功率	(万千瓦)	16931	16893	1963	267
建筑业总产值	(亿元)	307935	305594	44090	3014
房屋施工面积	(万平方米)	1556364	1538724	188747	19576
房屋竣工面积	(万平方米)	403393	399297	31211	7685
利润总额	(亿元)	8381	8272	1162	78
税金总额	(亿元)	7006	6956	816	110
按总产值计算劳动生产率	(元/人)	490774	490175	719651	349104
技术装备率	(元/人)	7188	7214	9916	6272
动力装备率	(千瓦/人)	3.3	3.3	4.2	3.4
房屋竣工率	(%)	25.9	25.9	16.5	39.3
产值利润率	(%)	2.7	2.7	2.6	2.6
产值利税率	(%)	5.0	5.0	4.5	6.2

1−2 续表

指标		港澳台商投资企业	#港澳台商独资企业	外商投资企业	#外商独资企业
企业个数	(个)	230	77	201	97
从业人员	(万人)	17	2	7	4
自有固定资产原价	(亿元)	82	21	99	25
自有施工机械设备总台数	(万台)	1			
自有施工机械设备净值	(亿元)	3		2	
自有施工机械设备总功率	(万千瓦)	28	1	10	3
建筑业总产值	(亿元)	1456	172	885	446
房屋施工面积	(万平方米)	11104	604	6536	5545
房屋竣工面积	(万平方米)	2474	79	1623	1358
利润总额	(亿元)	52	11	58	33
税金总额	(亿元)	27	5	23	12
按总产值计算劳动生产率	(元/人)	573885	412078	601131	655733
技术装备率	(元/人)	1610	90	2190	425
动力装备率	(千瓦/人)	1.6	0.4	1.4	0.7
房屋竣工率	(%)	22.3	13.1	24.8	24.5
产值利润率	(%)	3.6	6.3	6.5	7.4
产值利税率	(%)	5.4	9.1	9.1	10.1

1—3　建筑业企业主要经济指标完成情况

指　　标	计量单位	2022年	2021年	2022年比2021年增减(%)
建筑业企业个数	个	143446	128743	11.4
#大型企业	个	3251	3166	2.7
中型企业	个	31003	30886	0.4
小微型企业	个	109192	94691	15.3
从事建筑业活动的平均人数	万人	6274	6194	1.3
签订合同额	亿元	712652	656886	8.5
#本年新签合同额	亿元	364569	344559	5.8
建筑业总产值	亿元	307935	289277	6.5
竣工产值	亿元	135341	134523	0.6
房屋施工面积	万平方米	1556364	1575464	-1.2
房屋竣工面积	万平方米	403393	408028	-1.1
年末自有施工机械设备净值	亿元	3696	4564	-19.0
年末自有施工机械设备总功率	万千瓦	16931	22921	-26.1
实收资本	亿元	46774	44593	4.9
资产总计	亿元	348153	311296	11.8
#流动资产	亿元	273044	244435	11.7
负债合计	亿元	251249	220767	13.8
营业收入	亿元	273130	267896	2.0
#大型企业	亿元	162156	156258	3.8
中型企业	亿元	82691	84797	-2.5
小微型企业	亿元	28283	26840	5.4
利润总额	亿元	8381	8471	-1.1
#大型企业	亿元	5158	5049	2.2
中型企业	亿元	2549	2687	-5.1
小微型企业	亿元	674	735	-8.3
税金总额	亿元	7006	7052	-0.7
按建筑业总产值计算的劳动生产率	元/人	490774	467033	
技术装备率	元/人	7188	8639	
动力装备率	千瓦/人	3.3	4.3	
人均利税	元/人	24523	25062	
房屋竣工率	%	25.9	25.9	
资产负债率	%	72.2	70.9	
产值利润率	%	2.7	2.9	
产值利税率	%	5.0	5.4	

1-4 各地区建筑业企业签订合同情况

单位：万元

地　区	签订合同额	上年结转合同额	本年新签合同额
全国总计	**7126517670**	**3480823398**	**3645694272**
北　京	492914202	289172958	203741244
天　津	165368312	81821416	83546896
河　北	174593530	83299980	91293550
山　西	141436358	61961679	79474679
内蒙古	40852114	22846254	18005860
辽　宁	79799194	33216752	46582443
吉　林	44645479	21347628	23297851
黑龙江	32016038	16174552	15841487
上　海	362901719	203166802	159734917
江　苏	618588498	278254992	340333506
浙　江	479446459	251650609	227795850
安　徽	241190897	100329159	140861738
福　建	307539636	141967598	165572038
江　西	172847328	62751619	110095710
山　东	382809563	167406278	215403285
河　南	291168110	134349985	156818125
湖　北	578662237	282866933	295795304
湖　南	313063767	157179940	155883826
广　东	681337941	357211027	324126914
广　西	149124556	70213471	78911085
海　南	14193035	8835241	5357795
重　庆	171667101	78565226	93101875
四　川	482034192	243790985	238243206
贵　州	137418471	78675833	58742638
云　南	156009957	70049848	85960108
西　藏	4322931	2789063	1533868
陕　西	245205614	103248259	141957355
甘　肃	59211885	26455868	32756017
青　海	18037065	10448017	7589049
宁　夏	13573861	5647721	7926140
新　疆	74537622	35127707	39409914

1-5　各地区建筑业企业承包工程完成情况

单位：万元

地　区	直接从建设单位承揽工程完成的产值			从建设单位以外承揽工程完成的产值
		自行完成施工产值	分包出去工程的产值	
全国总计	**2967999007**	**2839302412**	**128696595**	**240051381**
北　京	143760088	114296418	29463659	24364658
天　津	50533271	42590841	7942430	4922185
河　北	67439959	66403358	1036600	3110081
山　西	58852630	58095173	757456	3359631
内蒙古	13197006	13130543	66463	197863
辽　宁	37300922	36404398	896523	2964258
吉　林	18863175	18772662	90513	2234789
黑龙江	14152173	13936223	215950	209072
上　海	100247234	77157043	23090192	15582000
江　苏	374192878	372278006	1914872	34322490
浙　江	230170214	224281001	5889213	14329736
安　徽	103732117	102251961	1480157	14774376
福　建	159021869	158607809	414060	9901853
江　西	102943226	101475858	1467368	5472516
山　东	176069694	164479601	11590094	11116739
河　南	130730999	129585074	1145925	4559252
湖　北	203527415	201160881	2366534	10388756
湖　南	140335726	139289086	1046640	5520943
广　东	224764753	202536561	22228192	27028464
广　西	69403445	67317414	2086031	4626044
海　南	4589981	4565973	24008	106159
重　庆	91508074	89838796	1669279	7630779
四　川	175476227	167168885	8307342	11287237
贵　州	41757427	41566289	191138	1036068
云　南	75021704	74721271	300433	6965228
西　藏	1981756	1948159	33597	89770
陕　西	89070990	88015804	1055186	12662878
甘　肃	25548567	24348592	1199975	428233
青　海	5721542	5587927	133615	76692
宁　夏	7316832	7190754	126078	67721
新　疆	30767114	30300053	467062	714912

1-6 各地区建筑业总产值和竣工产值

单位：万元

地区	建筑业总产值	#装饰装修产值	#在外省完成的产值
全国总计	**3079353793**	**128208816**	**1052783495**
北京	138661076	12198571	100753601
天津	47513026	715649	31226353
河北	69513439	1788707	24018234
山西	61454805	1846152	22037627
内蒙古	13328406	251483	4549015
辽宁	39368656	1155792	13698309
吉林	21007451	502372	3957059
黑龙江	14145295	174667	2136140
上海	92739042	7762570	57780707
江苏	406600496	21653435	179040015
浙江	238610737	16501199	61305992
安徽	117026336	2958421	30410187
福建	168509662	4575789	79819394
江西	106948374	4065355	32811028
山东	175596339	8583412	39230915
河南	134144326	3290859	33474427
湖北	211549637	6193419	88036178
湖南	144810029	3923382	49105537
广东	229565024	15497607	52621388
广西	71943458	1404368	12554613
海南	4672132	175343	273078
重庆	97469574	3152089	25847428
四川	178456122	3931116	38291895
贵州	42602357	962626	14139687
云南	81686499	1095965	6646353
西藏	2037928	11585	54380
陕西	100678682	3244421	37823545
甘肃	24776825	284752	3343096
青海	5664619	40634	2356820
宁夏	7258475	32366	1152157
新疆	31014965	234713	4288340

1-6 续表　　　　　　　　　　　　　　　　　　　　单位：万元

地　区	按构成分组			竣工产值
	建筑工程产值	安装工程产值	其他产值	
全国总计	**2726411064**	**256806249**	**96136480**	**1353413539**
北　京	130371059	7009790	1280227	69109780
天　津	41364984	4242348	1905695	16107859
河　北	56344699	8489153	4679588	26762655
山　西	54502858	5550315	1401631	18268325
内蒙古	11892776	864028	571602	4244240
辽　宁	32041451	5548752	1778454	14169692
吉　林	17612699	2303927	1090326	8937034
黑龙江	11580494	1744306	820495	5092966
上　海	78646815	11878164	2214064	43725007
江　苏	377633109	26064003	2903383	267737221
浙　江	211009545	21928740	5672452	130317824
安　徽	100567355	8401565	8057416	43611070
福　建	155746828	9568544	3194290	67850742
江　西	92581254	7261739	7105382	44194686
山　东	146127022	23438293	6031025	71423012
河　南	116474404	13019105	4650817	53324074
湖　北	188970472	17682452	4896713	82466564
湖　南	123711031	13553004	7545994	67441135
广　东	203988660	19655390	5920975	72575446
广　西	63378765	4443978	4120716	32989229
海　南	3980844	362820	328468	2051539
重　庆	87726583	6539514	3203478	42433881
四　川	157260841	14336784	6858497	75627997
贵　州	36366119	4575746	1660492	10820045
云　南	74066361	4836670	2783468	25675159
西　藏	1848625	131679	57624	727524
陕　西	88633703	8485639	3559340	30788181
甘　肃	21673282	2110064	993479	8413264
青　海	5162170	394323	108126	2049125
宁　夏	6451865	660947	145663	3058933
新　疆	28694394	1724470	596101	11419330

1-7 各地区建筑业企业房屋建筑面积

地 区	房屋施工面积(万平方米)	#本年新开工	房屋竣工面积(万平方米)	房屋竣工率(%)
全国总计	**1556364**	**434900**	**403393**	**25.9**
北 京	89888	17081	13815	15.4
天 津	18808	3492	2722	14.5
河 北	35918	9723	7099	19.8
山 西	22648	6230	5635	24.9
内蒙古	7046	1375	1096	15.6
辽 宁	13329	3515	3633	27.3
吉 林	7047	1821	1883	26.7
黑龙江	3868	1435	1057	27.3
上 海	58203	12389	8758	15.0
江 苏	275135	74173	76319	27.7
浙 江	171655	45290	44915	26.2
安 徽	49671	16640	14857	29.9
福 建	85604	24293	20255	23.7
江 西	37048	15268	14683	39.6
山 东	98828	30328	22918	23.2
河 南	62988	16971	17072	27.1
湖 北	91310	29258	33261	36.4
湖 南	76160	25357	23988	31.5
广 东	107366	30605	24929	23.2
广 西	27539	6619	8561	31.1
海 南	1862	393	449	24.1
重 庆	34968	11113	11770	33.7
四 川	76213	22334	22390	29.4
贵 州	16335	3723	3342	20.5
云 南	17690	5919	5973	33.8
西 藏	263	110	118	44.8
陕 西	40253	9583	6826	17.0
甘 肃	12229	3441	2031	16.6
青 海	971	262	175	18.0
宁 夏	1802	824	559	31.0
新 疆	13718	5334	2305	16.8

1-8　各地区按主要用途分的建筑业企业房屋竣工面积

单位：万平方米

地　区	总计	住宅房屋	商业及服务用房屋	办公用房　屋	科研、教育和医疗用房屋
全国总计	**403393**	**259128**	**26051**	**14577**	**20367**
北　京	13815	9248	1471	682	825
天　津	2722	1617	251	82	169
河　北	7099	4902	299	193	501
山　西	5635	3473	338	155	851
内蒙古	1096	830	48	15	47
辽　宁	3633	2527	172	76	118
吉　林	1883	1274	55	69	33
黑龙江	1057	734	42	22	44
上　海	8758	4802	793	345	853
江　苏	76319	53915	2444	2338	2059
浙　江	44915	25152	2977	1389	1500
安　徽	14857	8460	940	458	555
福　建	20255	14104	1300	665	587
江　西	14683	8324	1051	904	812
山　东	22918	14937	1270	1100	1558
河　南	17072	11877	1034	679	1000
湖　北	33261	22126	3035	1540	1645
湖　南	23988	15392	1734	1015	1464
广　东	24929	13865	1736	607	1733
广　西	8561	4569	787	368	863
海　南	449	286	21	14	44
重　庆	11770	8192	876	368	372
四　川	22390	15430	1609	593	1116
贵　州	3342	2142	333	104	203
云　南	5973	3507	504	316	429
西　藏	118	60	6	4	1
陕　西	6826	4445	493	306	551
甘　肃	2031	1401	198	54	163
青　海	175	84	15	28	7
宁　夏	559	311	31	6	48
新　疆	2305	1142	128	84	218

1-8 续表 单位：万平方米

地　区	文化、体育和娱乐用房屋	厂房及建筑物	仓　库	其他未列明的房屋建筑物
全国总计	**4384**	**62191**	**2874**	**13821**
北　京	133	933	80	443
天　津	9	413	32	150
河　北	60	859	30	255
山　西	54	460	14	241
内蒙古	23	93	3	38
辽　宁	6	600	11	124
吉　林	30	356	6	49
黑龙江	3	76	4	133
上　海	148	1518	146	153
江　苏	849	13128	570	1014
浙　江	457	11852	417	1171
安　徽	154	3634	114	543
福　建	89	3086	89	335
江　西	179	2564	171	677
山　东	218	3004	131	700
河　南	210	1640	117	516
湖　北	398	2854	184	1481
湖　南	265	2379	184	1556
广　东	267	5578	162	982
广　西	137	1190	104	544
海　南	9	29	17	29
重　庆	59	1313	41	549
四　川	314	2372	90	865
贵　州	20	297	39	205
云　南	107	598	43	469
西　藏	1	29		18
陕　西	131	629	14	257
甘　肃	13	129	4	68
青　海	2	14	2	24
宁　夏	7	86	6	64
新　疆	35	480	49	169

1-9　各地区按主要用途分的建筑业企业房屋竣工价值

单位：万元

地　区	总计	住宅房屋	商业及服务用房屋	办公用房屋	科研、教育和医疗用房屋
全国总计	**810335770**	**494755417**	**57888475**	**36836187**	**58756099**
北　京	42181284	25013650	4788077	2346395	3849475
天　津	5910834	3436138	551619	180776	627354
河　北	13443786	8844666	677832	323283	1272615
山　西	9647371	5272014	783258	330034	1320799
内蒙古	2095664	1561155	94900	43086	109328
辽　宁	6179280	4298024	368221	141164	196069
吉　林	3384003	2116100	110172	162180	102340
黑龙江	1468080	881253	55098	95194	155887
上　海	25087345	12059427	3304869	1286964	2520209
江　苏	168206699	117332933	5975868	6408878	6342868
浙　江	89058967	51847505	7055548	3145318	4670000
安　徽	24319740	14035398	1677216	719101	1097234
福　建	43257226	30887404	2783940	1355272	1657999
江　西	26264985	14343431	1812353	2394536	1735218
山　东	46887273	28090025	3006969	3006925	4584427
河　南	27372482	18509475	1717204	1200828	2071379
湖　北	54434647	30859336	5848728	4195383	3801570
湖　南	42129514	24724276	3509384	2671290	3249133
广　东	49432268	23779443	3639334	1523479	4732470
广　西	17645013	8986843	1318670	884882	2024865
海　南	1248415	764126	95805	36904	199493
重　庆	21370837	14123513	1757362	856291	1003610
四　川	44743446	27987644	2956295	1439263	6324730
贵　州	6413107	3797739	699417	261184	481958
云　南	12030772	6713729	1155899	662375	1216401
西　藏	248446	152645	14002	9903	1501
陕　西	15361308	8442090	1128424	796005	2209208
甘　肃	4459034	3073890	537897	112299	388821
青　海	378700	170257	47461	76158	19050
宁　夏	1109926	612525	48574	12251	114246
新　疆	4565318	2038764	368021	158587	675841

1-9 续表 单位：万元

地区	文化、体育和娱乐用房屋	厂房及建筑物	仓库	其他未列明的房屋建筑物
全国总计	**17888338**	**110067572**	**6452620**	**27691061**
北京	952143	2901640	204330	2125573
天津	28123	737897	78629	270299
河北	229070	1519853	61694	514724
山西	242991	1021280	425735	251251
内蒙古	42871	199414	7171	37739
辽宁	28616	912647	22946	211594
吉林	73096	723717	12891	83507
黑龙江	9769	115070	2156	153654
上海	718958	4052099	415066	729754
江苏	2550651	26268175	1187192	2140135
浙江	1564776	17699974	841887	2233958
安徽	307338	5221660	143362	1118432
福建	307884	5585684	173425	505617
江西	361603	4271838	291754	1054253
山东	734367	5272835	267031	1924695
河南	328484	2450742	266355	828015
湖北	1113988	5165697	373941	3076005
湖南	740880	4663517	456768	2114265
广东	5246472	8404080	386569	1720421
广西	380241	2216911	209055	1623547
海南	12462	53096	8836	77694
重庆	165646	2218411	91216	1154789
四川	828960	3511308	165644	1529602
贵州	66172	603115	97582	405941
云南	226994	1232041	73520	749812
西藏	1880	20871	1427	46219
陕西	497410	1699101	27197	561874
甘肃	34316	169210	18110	124490
青海	3008	21912	2267	38586
宁夏	26398	240315	2947	52670
新疆	62774	893462	135919	231949

1-10 各地区建筑业企业施工机械设备情况

地区	年末自有施工机械设备总台数（台）	年末自有施工机械设备总功率（千瓦）	年末自有施工机械设备净值（万元）	技术装备率（元/人）	动力装备率（千瓦/人）
全国总计	**5739998**	**169307589**	**36956333**	**7187.8**	**3.3**
北京	78997	6741234	1176049	20336.9	11.7
天津	56066	2572636	1295339	24842.5	4.9
河北	234384	6654232	927230	11347.7	8.1
山西	185855	8054539	2190492	25210.8	9.3
内蒙古	38313	1496376	263468	18932.4	10.8
辽宁	75074	3671433	489103	9938.4	7.5
吉林	32141	1039316	341403	10184.6	3.1
黑龙江	60654	1480986	313754	16463.5	7.8
上海	42722	1689202	829161	11475.7	2.3
江苏	919981	25025467	5542366	6318.0	2.9
浙江	572754	11202991	2417842	4892.3	2.3
安徽	176754	4044886	909053	4296.1	1.9
福建	310972	7273388	1444472	3068.5	1.5
江西	291361	5019691	1521657	8776.9	2.9
山东	399043	9615566	2045630	7500.4	3.5
河南	394262	11199215	2341298	8737.0	4.2
湖北	336679	10839022	2604374	11206.4	4.7
湖南	318287	9378363	1474529	5646.2	3.6
广东	340468	11211992	2428848	7053.2	3.3
广西	86207	2792979	436792	4019.6	2.6
海南	4452	109920	31499	4721.1	1.6
重庆	87118	3421138	884512	4522.9	1.7
四川	217005	7519502	1692584	4977.9	2.2
贵州	33891	2579090	330198	5115.3	4.0
云南	143142	3171905	905887	7718.4	2.7
西藏	7668	187863	42653	12934.7	5.7
陕西	153263	7533121	1159816	9488.9	6.2
甘肃	73995	1677514	384653	8504.4	3.7
青海	11708	433048	119970	21610.0	7.8
宁夏	11653	405694	98636	4001.3	1.6
新疆	45129	1265280	312997	8828.8	3.6

1-11 各地区建筑业企业主要生产效益指标

地区	建筑业企业个数（个）	从事建筑业活动的平均人数（人）	按总产值计算的劳动生产率（元/人）	人均竣工产值（元/人）	人均施工面积（平方米/人）	人均竣工面积（平方米/人）
全国总计	**143446**	**62744871**	**490774**	**215701**	**248.0**	**64.3**
北　京	2597	2196543	631270	314630	409.2	62.9
天　津	2547	815026	582963	197636	230.8	33.4
河　北	3579	1121435	619862	238647	320.3	63.3
山　西	3689	1301958	472018	140314	174.0	43.3
内蒙古	1040	241209	552567	175957	292.1	45.5
辽　宁	5772	666813	590400	212499	199.9	54.5
吉　林	2936	373489	562465	239285	188.7	50.4
黑龙江	2279	370792	381489	137354	104.3	28.5
上　海	2351	1279748	724666	341669	454.8	68.4
江　苏	13040	10451164	389048	256179	263.3	73.0
浙　江	9950	5562693	428948	234271	308.6	80.7
安　徽	8362	2307408	507177	189005	215.3	64.4
福　建	8699	5016465	335913	135256	170.6	40.4
江　西	5782	1998274	535204	221164	185.4	73.5
山　东	10643	3093065	567710	230913	319.5	74.1
河　南	9246	2972518	451282	179390	211.9	57.4
湖　北	5927	2647015	799201	311546	345.0	125.7
湖　南	3951	2989848	484339	225567	254.7	80.2
广　东	9257	3976130	577358	182528	270.0	62.7
广　西	2749	1277323	563236	258268	215.6	67.0
海　南	325	89067	524564	230337	209.0	50.5
重　庆	3757	2310981	421767	183618	151.3	50.9
四　川	8733	4018573	444078	188196	189.7	55.7
贵　州	2110	874507	487159	123727	186.8	38.2
云　南	4254	1680516	486080	152781	105.3	35.5
西　藏	410	42028	484898	173105	62.5	28.0
陕　西	3987	1686391	597007	182568	238.7	40.5
甘　肃	2466	513907	482127	163712	238.0	39.5
青　海	417	85178	665033	240570	114.0	20.5
宁　夏	730	162928	445502	187748	110.6	34.3
新　疆	1861	621879	498730	183626	220.6	37.1

1-12　各地区建筑业企业资产构成

单位：万元

地　区	资产总计	流动资产合计	#存货
全国总计	**3481527760**	**2730434877**	**326116297**
北　京	374523924	217149592	8537755
天　津	89098427	70298724	4877031
河　北	86642105	73864885	12458519
山　西	98565929	73691225	8260706
内蒙古	27585391	22444865	3131107
辽　宁	67835351	57026514	6527446
吉　林	35467568	29410612	3558148
黑龙江	25182476	21881509	2756050
上　海	146664566	119260105	8217513
江　苏	277655381	236319690	46232440
浙　江	199496054	168483577	30399262
安　徽	109846962	87229783	8326201
福　建	94504139	77404780	12439137
江　西	84836422	70307433	10756417
山　东	231762776	194183260	29670210
河　南	132193906	108076535	15099800
湖　北	213502915	161041951	19801656
湖　南	98969901	74330375	7814219
广　东	281688810	232672122	20202623
广　西	58062797	47373887	4667940
海　南	7994166	6977059	986575
重　庆	80831159	63935808	9915448
四　川	203942997	158056108	17635119
贵　州	98723799	82060233	8958866
云　南	96003625	65382973	4753416
西　藏	6856346	5572643	470140
陕　西	130186880	109038551	8847691
甘　肃	51390894	39254161	3850504
青　海	9767355	7291992	808196
宁　夏	9372575	8201449	1157839
新　疆	52372168	42212480	4998325

1−13 各地区建筑业企业固定资产情况

单位：万元

地 区	固定资产原价	累计折旧	#本年折旧	在建工程
全国总计	**230622608**	**113342130**	**15288375**	**42144655**
北 京	11010597	6130549	819338	778613
天 津	7486411	4539858	404504	374874
河 北	7975902	4466580	440807	1399446
山 西	7048671	3663103	637765	1323285
内 蒙 古	2557993	1304711	182215	389510
辽 宁	6609855	3755884	359652	604825
吉 林	3623955	1537928	182030	784424
黑 龙 江	2429806	1366595	130310	181343
上 海	8541383	4764589	517767	395193
江 苏	25569933	12373694	1707334	3554921
浙 江	15814385	7475394	957853	2397441
安 徽	7209103	3263673	532248	1022684
福 建	7929757	3899115	613793	782264
江 西	5632672	2393890	380765	1846851
山 东	17067048	8063276	1238274	2328734
河 南	11928315	5292559	749233	1546306
湖 北	15634900	7635193	966017	4773357
湖 南	8866679	4449827	513350	2269517
广 东	12498481	6189142	947467	1987949
广 西	2814465	1404509	226674	411128
海 南	252201	132336	22059	137171
重 庆	5537831	2501925	341371	1832851
四 川	10956522	5083606	751238	5420078
贵 州	2223386	958428	155166	1925101
云 南	5231937	2448517	366579	904008
西 藏	394994	137946	22219	81431
陕 西	7773086	4072054	572077	1157923
甘 肃	4343116	1342258	204649	680940
青 海	984311	484737	47630	80588
宁 夏	842187	410277	55270	39446
新 疆	3832729	1799980	242722	732455

1-14　各地区建筑业企业负债及所有者权益

单位：万元

地　区	负债合计	#流动负债	#应付账款	所有者权益	#实收资本
全国总计	**2512491072**	**2281719490**	**939762347**	**969053809**	**467743018**
北　京	248921737	223258735	82708889	125502208	40190973
天　津	69442449	65256486	26116184	19555979	10589946
河　北	66204405	61300064	27291553	20438507	12364299
山　西	73680459	66771314	27399376	24885470	12635758
内蒙古	19906889	18046407	6592812	7678501	5371393
辽　宁	50662246	45122304	16118066	17182540	9827953
吉　林	24637449	22604952	7570717	10830118	6220557
黑龙江	19446838	18439847	7111080	5735639	4839689
上　海	115815742	112173921	53472369	30848824	15034667
江　苏	166909050	157084642	61258796	110747249	45558228
浙　江	142709961	136582111	58039191	56786094	30414441
安　徽	81736684	72110798	27491264	28110854	13157894
福　建	58327302	51256190	17462660	36176836	19020817
江　西	59537897	52847983	18012970	25298525	14273852
山　东	179060434	167802841	71996847	52702341	27837761
河　南	91647185	82986656	28701128	40546721	23891183
湖　北	153920355	128045682	65651603	59582780	22935237
湖　南	67987500	58341910	24296860	30982401	15661887
广　东	216120228	197897181	78905577	65570681	29953093
广　西	44296458	39928856	17763135	13766274	7615306
海　南	5851465	5261068	2204776	2142701	1340616
重　庆	58097003	51645570	20379035	22744869	10701785
四　川	154558585	134015436	56212351	49385053	26112546
贵　州	79419002	69310515	26057679	19295954	7775660
云　南	64714424	59836146	25353178	31289269	21540680
西　藏	4590836	4041846	1203117	2265510	1022275
陕　西	101714012	96236029	50952928	28472869	16236634
甘　肃	37973499	33758238	13074665	13417395	6456805
青　海	6958221	6138921	2742340	2809662	1721138
宁　夏	6908373	6652307	2989197	2464202	1696816
新　疆	40734384	36964536	14632004	11637784	5743131

1-15 各地区建筑业企业收入情况

单位：万元

地区	主营业务收入	主营业务成本	主营业务税金及附加	其他业务收入	其他业务利润
全国总计	**2680073892**	**2463236317**	**13104007**	**51230136**	**2153228**
北京	178499058	164308567	390838	2324209	231882
天津	50768268	46405161	123871	1286531	81721
河北	58877152	54594633	237377	1758559	53304
山西	64451748	59538267	182154	986695	81713
内蒙古	13827913	12682148	57667	476471	28923
辽宁	35022856	32038048	127211	1951283	30793
吉林	18784212	17131990	96231	610665	-9667
黑龙江	15072858	14159565	75213	453675	18495
上海	122113267	113520753	263567	489165	107182
江苏	342341109	314457689	1925048	2307168	247017
浙江	203753221	190603072	730694	2090312	220200
安徽	94785751	87069105	433335	2322527	87380
福建	124088563	113308301	1019942	2577756	45511
江西	68782336	63032514	526686	3625938	63702
山东	167073294	152969893	713867	4022801	160203
河南	95134127	86992612	547429	1089836	98066
湖北	185205776	169117007	1012872	3249991	97209
湖南	115859061	105202691	1237935	2896810	29751
广东	218399634	201808072	697003	3079831	160173
广西	44356825	40152833	176837	1849135	26215
海南	4802119	4456271	14881	172987	4997
重庆	76850549	69629559	674826	1332593	34357
四川	138951700	127134761	697683	4599085	112213
贵州	32690806	30368363	131749	1699239	20996
云南	47147025	42711227	291885	1274897	28882
西藏	2308767	2087524	9527	53617	-707
陕西	88978965	81938901	378393	1268821	50643
甘肃	25823183	24003215	127466	788563	15879
青海	6583327	5986598	22322	138348	343
宁夏	7238961	6707858	31216	197803	2856
新疆	31501463	29119119	148286	254826	22996

1-16　各地区建筑业企业费用情况

单位：万元

地　区	管理费用	销售费用	研发费用	财务费用	#利息收入	#利息支出
全国总计	**82563936**	**7649395**	**34004483**	**16143343**	**6021700**	**15755659**
北　京	4851165	701310	4459480	1106206	1430931	2303553
天　津	1653582	175051	1191380	297632	299776	411723
河　北	2138355	106579	669543	446947	64445	358232
山　西	1913705	96894	1384900	446669	240436	581191
内 蒙 古	632432	14627	89177	83477	8141	70967
辽　宁	1869940	93135	358621	309685	38323	227022
吉　林	838476	34723	131415	204418	14464	164179
黑 龙 江	638565	28939	113559	77519	35290	80208
上　海	2979346	334729	2704928	371386	303705	440075
江　苏	9478881	1047769	1305723	1818356	309351	1156244
浙　江	6228582	520770	1759835	875100	246793	829765
安　徽	2950390	384244	1282147	578738	167595	409488
福　建	4110369	381579	749320	388613	66202	259721
江　西	2357346	207829	511366	449447	66254	317096
山　东	5790329	381151	2417945	1224665	314855	1047939
河　南	3139470	296809	1197741	727829	73677	562640
湖　北	4779084	637415	3066451	927725	339387	1002725
湖　南	3552791	373357	2059823	617156	222563	568428
广　东	6144876	418893	3507291	1280143	447017	1237318
广　西	1513481	56737	508363	293909	45401	230608
海　南	161500	6441	24240	18268	2574	13074
重　庆	2754679	324540	412353	658938	53118	409384
四　川	4434157	543113	1728312	953094	392881	1061421
贵　州	1058737	35503	267802	509168	57887	261287
云　南	1692675	151619	270421	577726	196359	642572
西　藏	133064	3590	3351	16123	10229	11289
陕　西	2328489	188062	1274001	316506	283519	524227
甘　肃	891182	57225	148710	230711	214950	312806
青　海	238010	2986	153816	33113	4794	16288
宁　夏	292714	9628	34517	27964	3133	21196
新　疆	1017564	34152	217954	276112	67651	222993

1-17 各地区建筑业企业利润及税金情况

单位：万元

地 区	利润总额	#所得税费用	税金总额	主营业务税金及附加	应交增值税
全国总计	**83814579**	**14636174**	**70056238**	**13104007**	**56952231**
北 京	9507320	673963	2656343	390838	2265505
天 津	1063022	146831	887124	123871	763253
河 北	882127	274580	1436614	237377	1199238
山 西	1446953	157010	1544614	182154	1362461
内蒙古	439568	82546	391414	57667	333747
辽 宁	337935	103803	962198	127211	834987
吉 林	460772	102016	658934	96231	562703
黑龙江	-15568	63345	550670	75213	475457
上 海	2490652	366572	2129733	263567	1866166
江 苏	13514327	2804940	9757379	1925048	7832331
浙 江	4111436	914702	5152116	730694	4421421
安 徽	2776931	445533	2555318	433335	2121983
福 建	4666314	951568	3856061	1019942	2836119
江 西	2609014	514713	2221540	526686	1694855
山 东	4856036	826167	4366712	713867	3652846
河 南	3020388	536114	2816487	547429	2269059
湖 北	6974756	1252370	5149188	1012872	4136316
湖 南	3498236	579938	3712729	1237935	2474794
广 东	5092860	943422	4856513	697003	4159509
广 西	1451076	237476	1118820	176837	941983
海 南	151080	38602	170185	14881	155305
重 庆	3010314	491590	2769599	674826	2094774
四 川	4360193	825826	3663057	697683	2965373
贵 州	671938	154575	927985	131749	796236
云 南	1921877	394159	1472758	291885	1180874
西 藏	87444	8874	74203	9527	64675
陕 西	2767748	405104	1966557	378393	1588163
甘 肃	688350	129952	957662	127466	830196
青 海	173152	25352	145300	22322	122978
宁 夏	129730	28724	228563	31216	197347
新 疆	668601	155807	899864	148286	751578

1-18　各地区建筑业企业应收工程款及企业亏损情况

地　区	应收工程款(万元)	企业个数(个)	#亏损企业个数	亏损企业的比重(%)
全国总计	**697204552**	**143446**	**32015**	**22.3**
北　京	47863073	2597	768	29.6
天　津	16169730	2547	755	29.6
河　北	17884714	3579	840	23.5
山　西	21034684	3689	924	25.0
内蒙古	6362775	1040	306	29.4
辽　宁	14728995	5772	1898	32.9
吉　林	8969000	2936	758	25.8
黑龙江	5440887	2279	636	27.9
上　海	25387336	2351	675	28.7
江　苏	65244351	13040	1737	13.3
浙　江	42306864	9950	2954	29.7
安　徽	27391905	8362	1625	19.4
福　建	18713756	8699	1336	15.4
江　西	15837078	5782	702	12.1
山　东	52819790	10643	2806	26.4
河　南	30189362	9246	1818	19.7
湖　北	42080956	5927	891	15.0
湖　南	18505478	3951	572	14.5
广　东	55223428	9257	2161	23.3
广　西	11142440	2749	957	34.8
海　南	1505641	325	81	24.9
重　庆	17682426	3757	715	19.0
四　川	33080961	8733	1266	14.5
贵　州	15926216	2110	713	33.8
云　南	22934479	4254	1410	33.1
西　藏	1009111	410	83	20.2
陕　西	36312367	3987	831	20.8
甘　肃	10358466	2466	693	28.1
青　海	1597328	417	143	34.3
宁　夏	2696353	730	255	34.9
新　疆	10804605	1861	706	37.9

1-19 各地区建筑业企业主要经济效益指标

地　区	产值利润率(%)	产值利税率(%)	资本利润率(%)	资本利税率(%)	人均利润(元/人)	人均利税(元/人)	资产负债率(%)
全国总计	**2.7**	**5.0**	**17.9**	**32.9**	**13358**	**24523**	**72.2**
北　京	6.9	8.8	23.7	30.3	43283	55376	66.5
天　津	2.2	4.1	10.0	18.4	13043	23927	77.9
河　北	1.3	3.3	7.1	18.8	7866	20677	76.4
山　西	2.4	4.9	11.5	23.7	11114	22977	74.8
内蒙古	3.3	6.2	8.2	15.5	18224	34451	72.2
辽　宁	0.9	3.3	3.4	13.2	5068	19498	74.7
吉　林	2.2	5.3	7.4	18.0	12337	29980	69.5
黑龙江	-0.1	3.8	-0.3	11.1	-420	14431	77.2
上　海	2.7	5.0	16.6	30.7	19462	36104	79.0
江　苏	3.3	5.7	29.7	51.1	12931	22267	60.1
浙　江	1.7	3.9	13.5	30.5	7391	16653	71.5
安　徽	2.4	4.6	21.1	40.5	12035	23109	74.4
福　建	2.8	5.1	24.5	44.8	9302	16989	61.7
江　西	2.4	4.5	18.3	33.8	13056	24174	70.2
山　东	2.8	5.3	17.4	33.1	15700	29818	77.3
河　南	2.3	4.4	12.6	24.4	10161	19636	69.3
湖　北	3.3	5.7	30.4	52.9	26350	45802	72.1
湖　南	2.4	5.0	22.3	46.0	11700	24118	68.7
广　东	2.2	4.3	17.0	33.2	12809	25023	76.7
广　西	2.0	3.6	19.1	33.7	11360	20119	76.3
海　南	3.2	6.9	11.3	24.0	16963	36070	73.2
重　庆	3.1	5.9	28.1	54.0	13026	25011	71.9
四　川	2.4	4.5	16.7	30.7	10850	19965	75.8
贵　州	1.6	3.8	8.6	20.6	7684	18295	80.4
云　南	2.4	4.2	8.9	15.8	11436	20200	67.4
西　藏	4.3	7.9	8.6	15.8	20806	38462	67.0
陕　西	2.7	4.7	17.0	29.2	16412	28074	78.1
甘　肃	2.8	6.6	10.7	25.5	13394	32029	73.9
青　海	3.1	5.6	10.1	18.5	20328	37387	71.2
宁　夏	1.8	4.9	7.6	21.1	7962	21991	73.7
新　疆	2.2	5.1	11.6	27.3	10751	25221	77.8

二、按经济类型分组的建筑业企业

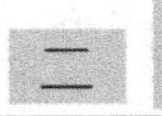

2-1 各地区国有建筑业企业签订合同情况

单位：万元

地区	签订合同额	上年结转合同额	本年新签合同额
全国总计	**1387381450**	**713493107**	**673888344**
北京	55820383	33949626	21870757
天津	23728584	11531557	12197027
河北	40112925	16896859	23216066
山西	15076883	7323559	7753324
内蒙古	20560997	12836285	7724712
辽宁	14965227	6275819	8689408
吉林	3316250	1805866	1510384
黑龙江	6533391	3239981	3293410
上海	159989251	85183422	74805829
江苏	54713141	27671342	27041800
浙江	11643416	5542273	6101144
安徽	36413104	16745995	19667109
福建	31038098	20905228	10132870
江西	19061876	8121827	10940049
山东	70517740	27975015	42542725
河南	33099439	16197026	16902414
湖北	235244780	132176004	103068776
湖南	39374049	14607903	24766146
广东	183116342	88352871	94763472
广西	26366909	10157711	16209198
海南	2398728	1455873	942855
重庆	29451950	16065560	13386390
四川	136595004	81188934	55406070
贵州	37194756	21584878	15609879
云南	21520734	9659512	11861222
西藏	1490319	1168116	322203
陕西	34816879	15267552	19549327
甘肃	15510468	6151677	9358792
青海	10423208	6169461	4253747
宁夏	3422482	1219931	2202552
新疆	13864137	6065448	7798689

2-2 各地区国有建筑业企业承包工程完成情况

单位：万元

地　　区	直接从建设单位承揽工程完成的产值			从建设单位以外承揽工程完成的产值
		自行完成施工产值	分包出去工程的产值	
全国总计	**427295570**	**397917458**	**29378112**	**42985770**
北　京	14820590	14559348	261242	2124454
天　津	9349790	8622512	727278	687108
河　北	12707793	12505163	202630	87998
山　西	6350851	6288125	62725	219638
内蒙古	3978733	3976483	2250	42632
辽　宁	5858702	5351698	507004	307237
吉　林	1196919	1196919		909484
黑龙江	2740002	2576917	163085	30483
上　海	40344459	30235157	10109302	3922175
江　苏	21589689	21243797	345893	1748655
浙　江	3854798	3741699	113099	163053
安　徽	14241578	13796529	445049	4453519
福　建	9926015	9883060	42954	818911
江　西	8545446	8524294	21152	383788
山　东	25772265	24358294	1413971	3517506
河　南	12518054	12511449	6606	758224
湖　北	53686223	52562695	1123528	1385751
湖　南	19117132	19033482	83650	819016
广　东	49084794	44035791	5049004	11710031
广　西	7993041	6313469	1679572	1823295
海　南	613818	613818		9697
重　庆	10578468	10453919	124549	531867
四　川	42834252	36417546	6416707	1077800
贵　州	11380441	11305966	74475	405437
云　南	8276017	8262638	13379	1947640
西　藏	666702	642586	24116	76537
陕　西	12367916	12107569	260347	2861986
甘　肃	6501705	6482409	19297	69138
青　海	2767473	2755957	11516	53180
宁　夏	1977357	1973603	3754	5027
新　疆	5654547	5584569	69978	34505

2-3 各地区国有企业建筑业总产值和竣工产值

单位：万元

地　区	建筑业总产值	#装饰装修产值	#在外省完成的产值	按构成分组 建筑工程产值	安装工程产值	其他产值	竣工产值
全国总计	**440903228**	**9502341**	**181822727**	**392277301**	**37200775**	**11425152**	**144552834**
北　京	16683802	1259914	9423295	16418560	223422	41820	8191353
天　津	9309620	36878	7968014	8520366	738555	50699	1638929
河　北	12593160	100418	5868585	10085865	1120557	1386738	4628115
山　西	6507763	127382	1206977	6230932	149414	127417	1869066
内蒙古	4019115	99313	2981797	3851665	163345	4105	546658
辽　宁	5658934	14888	1939755	4461320	949528	248086	2035288
吉　林	2106403	57	379356	1620612	416011	69780	348502
黑龙江	2607400	4782	552635	1805005	787974	14421	687140
上　海	34157332	1529845	25406595	30132817	3772723	251793	13955830
江　苏	22992452	285423	10122147	21521020	1132880	338551	12639643
浙　江	3904752	29467	728246	3501439	290188	113125	1736131
安　徽	18250048	180651	7883893	16757807	1339197	153044	5256113
福　建	10701971	420493	2663796	9471099	992948	237924	4341536
江　西	8908082	237788	3087594	7824610	447521	635951	2440690
山　东	27875800	367170	9075016	23488404	3766489	620907	7380115
河　南	13269673	487789	4162546	10080784	2373595	815294	3589100
湖　北	53948446	1213899	32734806	49855087	3215828	877531	20252062
湖　南	19852497	418002	7791092	16175971	2677279	999247	6832755
广　东	55745822	1769463	14449870	51555329	3511861	678631	14504692
广　西	8136764	37490	2182783	7027336	632891	476538	1306148
海　南	623515	2413		617422	328	5765	270064
重　庆	10985786	99778	6141823	10072327	578511	334948	5029501
四　川	37495345	414896	10138768	34040449	2652074	802822	10012748
贵　州	11711403	55089	2990915	9696135	1521894	493374	1352839
云　南	10210277	30952	1100638	9093081	733191	384006	1169960
西　藏	719124			666658	27513	24953	77987
陕　西	14969555	214661	6704082	12383639	1662612	923305	6144403
甘　肃	6551546	28575	1272101	5508202	823133	220211	1304802
青　海	2809137	300	2132138	2730554	78285	297	1239272
宁　夏	1978630	4067	453780	1770885	178088	29657	997279
新　疆	5619074	30498	279684	5311923	242939	64212	2774112

2-4 各地区国有建筑业企业房屋建筑面积

地 区	房 屋 施工面积 (万平方米)	#本年新开工	房 屋 竣工面积 (万平方米)	房屋竣工率 (%)
全国总计	**188747**	**49373**	**31211**	**16.5**
北 京	9125	2001	1731	19.0
天 津	1564	296	188	12.0
河 北	4170	1308	602	14.4
山 西	1666	370	306	18.4
内蒙古	3601	325	58	1.6
辽 宁	1207	185	320	26.5
吉 林	72	42	3	4.3
黑龙江	185	123	26	14.0
上 海	23058	5081	2756	12.0
江 苏	14001	3800	4028	28.8
浙 江	662	186	145	21.9
安 徽	7214	2089	1053	14.6
福 建	4730	1017	1001	21.2
江 西	2771	844	613	22.1
山 东	12399	4541	1369	11.0
河 南	2901	754	448	15.4
湖 北	19170	4313	5155	26.9
湖 南	10467	3174	1942	18.6
广 东	29045	8886	4035	13.9
广 西	1328	477	306	23.0
海 南	264	45	71	27.0
重 庆	2737	805	656	24.0
四 川	22481	4274	2362	10.5
贵 州	1818	608	314	17.3
云 南	1220	270	212	17.4
西 藏	44	8	15	34.4
陕 西	3370	948	490	14.5
甘 肃	4072	1093	337	8.3
青 海	204	67	6	2.9
宁 夏	724	380	255	35.2
新 疆	2477	1064	407	16.4

2-5 各地区按主要用途分的国有建筑业企业房屋竣工面积

单位：万平方米

地　　区	总计	住宅房屋	商业及服务用房屋	办公用房　屋	科研、教育和医疗用房屋
全国总计	**31211**	**17304**	**3480**	**1725**	**2545**
北　京	1731	1163	30	110	186
天　津	188	46	54	8	9
河　北	602	344	58	30	33
山　西	306	156	21	28	51
内蒙古	58	18		4	10
辽　宁	320	255	1	15	38
吉　林	3	3			
黑龙江	26	12	1		7
上　海	2756	1345	456	134	409
江　苏	4028	3644	82	50	9
浙　江	145	72	13	3	18
安　徽	1053	655	181	46	22
福　建	1001	522	128	12	111
江　西	613	392	28	11	32
山　东	1369	791	77	279	76
河　南	448	261	20	9	19
湖　北	5155	1102	1446	805	369
湖　南	1942	1161	131	15	186
广　东	4035	1928	455	48	459
广　西	306	133	25	2	47
海　南	71		10	1	20
重　庆	656	497	32	1	31
四　川	2362	1767	74	41	180
贵　州	314	166	15	6	38
云　南	212	120	16	6	18
西　藏	15	14	1		
陕　西	490	257	31	12	56
甘　肃	337	281	30	4	16
青　海	6	5			1
宁　夏	255	107		3	32
新　疆	407	87	16	43	63

2-5 续表 单位：万平方米

地　区	文化、体育和娱乐用房屋	厂房及建筑物	仓　库	其他未列明的房屋建筑物
全国总计	**622**	**4016**	**183**	**1337**
北　京	53	103	1	37
天　津	1	68	2	
河　北	6	90	4	38
山　西	14	23		12
内蒙古	4	18		4
辽　宁		8		3
吉　林				
黑龙江		4		2
上　海	86	272	20	34
江　苏	19	187	10	29
浙　江	1	32		6
安　徽		149		
福　建	3	210	9	6
江　西	14	103	16	17
山　东	21	97	1	29
河　南	7	127		5
湖　北	136	422	24	851
湖　南	98	296	11	45
广　东	58	1000	32	55
广　西		90	4	6
海　南		11	17	12
重　庆		71		23
四　川	80	181	10	28
贵　州	5	63	6	15
云　南	1	49		2
西　藏				
陕　西	6	119		8
甘　肃	1	6		
青　海				
宁　夏	1	60	1	50
新　疆	6	155	15	22

2–6 各地区按主要用途分的国有建筑业企业房屋竣工价值

单位：万元

地　区	总计	住宅房屋	商业及服务用房屋	办公用房屋	科研、教育和医疗用房屋
全国总计	**77230197**	**36614301**	**10003185**	**6278458**	**8838786**
北　京	6345772	3479809	348765	471431	1008896
天　津	592321	128982	207893	37366	42384
河　北	1310480	735525	181392	52265	86890
山　西	773060	308130	50118	80758	197051
内蒙古	112270	35981		16974	13349
辽　宁	457670	332826	515	38208	55966
吉　林	20766	8756			1171
黑龙江	28123	8879	2218	543	8190
上　海	8939823	3476142	2360251	693760	851766
江　苏	6106356	5153958	168942	194420	27574
浙　江	334498	128861	10807	14630	73489
安　徽	2484311	1456000	565525	79073	77583
福　建	2619201	1440602	83483	57275	340631
江　西	1290769	854450	60673	16379	59646
山　东	4031408	1973787	173574	1072871	326787
河　南	946467	450451	36199	25480	72455
湖　北	12834060	2726905	2835888	2841721	1349744
湖　南	3962953	1479708	373437	60506	538835
广　东	11215209	5223167	1767251	159737	1854765
广　西	623664	239565	42746	3493	149975
海　南	217742		71990	3146	104256
重　庆	1171152	870589	80584	4601	70330
四　川	5905376	3866836	264293	166338	654137
贵　州	727029	388296	33512	10953	117228
云　南	504612	281989	38979	22622	53130
西　藏	30910	24016	3629	3015	150
陕　西	1578345	598494	138031	70162	311703
甘　肃	739559	588575	65020	14349	52638
青　海	20593	18002		550	2041
宁　夏	494811	194567	505	5021	69819
新　疆	810888	140455	36967	60813	266207

2-6 续表 单位：万元

地　区	文化、体育和娱乐用房屋	厂房及建筑物	仓　库	其他未列明的房屋建筑物
全国总计	**2501677**	**9409085**	**444424**	**3140281**
北　京	384760	283052	807	368252
天　津	12679	157615	5403	
河　北	25791	175965	14575	38078
山　西	67369	53651	869	15115
内蒙古	6217	32238		7511
辽　宁		23758	15	6383
吉　林				10839
黑龙江		2406	224	5664
上　海	403077	955526	71516	127786
江　苏	56139	438973	27363	38987
浙　江	1324	76001		29386
安　徽	389	305053	272	417
福　建	17726	638981	26619	13883
江　西	19958	216389	28038	35235
山　东	103460	310295	1348	69287
河　南	51000	301455		9429
湖　北	472725	949581	72808	1584689
湖　南	321394	986660	35417	166996
广　东	275127	1667193	99695	168275
广　西	332	170392	6310	10852
海　南		24008	8038	6303
重　庆		104238		40811
四　川	238324	452748	23818	238882
贵　州	16732	101481	13481	45346
云　南	4962	101330	276	1323
西　藏				100
陕　西	7639	412845		39469
甘　肃	4557	14406		15
青　海				
宁　夏	3869	204350	250	16431
新　疆	6128	248498	7283	44539

2-7 各地区国有建筑业企业主要生产效益指标

地区	建筑业企业个数(个)	从事建筑业活动的平均人数(人)	按总产值计算的劳动生产率(元/人)	人均竣工产值(元/人)	人均施工面积(平方米/人)	人均竣工面积(平方米/人)
全国总计	**4439**	**6126626**	**719651**	**235942**	**308.1**	**50.9**
北京	35	216471	770718	378404	421.5	80.0
天津	71	82676	1126037	198235	189.2	22.8
河北	133	141985	886936	325958	293.7	42.4
山西	108	90637	718003	206214	183.8	33.8
内蒙古	28	50093	802331	109129	718.8	11.6
辽宁	206	85470	662096	238129	141.3	37.4
吉林	81	25164	837070	138492	28.7	1.2
黑龙江	95	50413	517208	136302	36.7	5.1
上海	83	359128	951119	388603	642.0	76.7
江苏	254	478814	480196	263978	292.4	84.1
浙江	104	62459	625170	277963	106.0	23.2
安徽	143	211616	862413	248380	340.9	49.8
福建	102	241643	442884	179667	195.8	41.4
江西	177	101705	875875	239977	272.4	60.2
山东	467	301595	924279	244703	411.1	45.4
河南	168	193181	686904	185790	150.2	23.2
湖北	247	499952	1079073	405080	383.4	103.1
湖南	189	343607	577768	198854	304.6	56.5
广东	292	848687	656848	170907	342.2	47.5
广西	116	117399	693086	111257	113.1	26.1
海南	17	8072	772442	334569	327.4	88.4
重庆	106	127995	858298	392945	213.8	51.2
四川	396	658171	569690	152130	341.6	35.9
贵州	201	169234	692024	79939	107.4	18.5
云南	146	148303	688474	78890	82.3	14.3
西藏	28	4510	1594510	172920	97.0	33.3
陕西	162	239207	625799	256866	140.9	20.5
甘肃	122	114993	569734	113468	354.1	29.3
青海	22	24856	1130164	498580	82.2	2.4
宁夏	38	30590	646822	326015	236.7	83.2
新疆	102	98000	573375	283073	252.8	41.5

2-8 各地区国有建筑业企业资产构成

单位：万元

地区	资产总计	流动资产合计	#存货
全国总计	**652835739**	**491624113**	**41175014**
北京	32953380	22992794	581176
天津	16557769	11408621	684144
河北	13239905	10675899	1341987
山西	15627682	9216760	1274283
内蒙古	3542888	2809342	772851
辽宁	10682824	8270678	1292322
吉林	4262745	2854542	281408
黑龙江	5132077	4631789	622688
上海	48582849	36457650	1091966
江苏	32599833	26901016	3075173
浙江	10020127	6983410	936144
安徽	17176033	13516393	932791
福建	13397307	9497006	1587400
江西	13074231	10753718	1403933
山东	48347568	39167754	3634525
河南	16614614	13138199	1229496
湖北	92832435	63557666	7010967
湖南	16183738	11995388	783031
广东	52008472	42887129	1952022
广西	9663706	6616497	407878
海南	1145192	1005332	58736
重庆	13925009	10360958	953942
四川	60238980	44482426	3145343
贵州	36435929	28227332	2515838
云南	13322111	10021986	525889
西藏	1893671	1700368	130374
陕西	18051460	15531353	1005300
甘肃	18640743	12935268	618376
青海	4477941	2912270	213492
宁夏	1908730	1686560	149748
新疆	10295790	8428011	961791

2–9 各地区国有建筑业企业固定资产情况

单位：万元

地　　区	固定资产原价	累计折旧	#本年折旧	在建工程
全国总计	**36911849**	**16952686**	**2033978**	**11159013**
北　　京	674066	376641	31377	8150
天　　津	1311531	791333	64031	22359
河　　北	1101224	587142	66454	608520
山　　西	478516	231354	27314	62092
内 蒙 古	365812	195136	25330	19633
辽　　宁	1254135	624902	42966	277311
吉　　林	1238507	355812	34751	183705
黑 龙 江	687576	438607	25586	26382
上　　海	2734427	1525064	201764	61055
江　　苏	2186255	1142033	87412	362722
浙　　江	291289	125470	14403	813558
安　　徽	957750	440138	57246	32330
福　　建	487004	243529	25162	67626
江　　西	1098828	429959	38318	600441
山　　东	3100367	1314862	171513	524976
河　　南	1538733	572571	79354	157639
湖　　北	5777553	2716747	341710	1019127
湖　　南	919998	349308	45312	491159
广　　东	1877914	813578	148532	142494
广　　西	440853	222015	24307	54583
海　　南	13058	9124	441	22747
重　　庆	1126756	454396	48499	812768
四　　川	2052186	768302	156726	2674261
贵　　州	934136	379030	60214	1286246
云　　南	762967	200014	38704	203914
西　　藏	45649	29701	3981	10744
陕　　西	1357845	909448	90066	51773
甘　　肃	971047	218486	25649	268715
青　　海	437251	223271	22937	38303
宁　　夏	143958	70009	5493	2935
新　　疆	544659	194704	25230	250747

2-10 各地区国有建筑业企业负债及所有者权益

单位：万元

地 区	负债合计	#流动负债	#应付账款	所有者权益	#实收资本
全国总计	**516747425**	**448814794**	**181368091**	**136088323**	**60190365**
北 京	24407652	21577826	8075186	8545728	3900277
天 津	12342803	11359977	4763540	4214965	1955008
河 北	10984928	9710075	4083561	2254977	1642951
山 西	11463909	9138202	3245132	4163773	1376541
内蒙古	3028369	2827879	1219969	514519	529511
辽 宁	8200331	7255053	2905083	2482502	1213677
吉 林	2313497	2013256	805358	1949248	1070854
黑龙江	5160586	4942267	1998491	-28509	602507
上 海	38737084	38089998	18797876	9845765	4057441
江 苏	26353214	24183908	7608349	6246619	3061514
浙 江	8176907	6548809	1782515	1843221	673238
安 徽	14526908	13489140	4819246	2649125	1382399
福 建	10203122	8389810	2373757	3194185	964262
江 西	11314621	9771558	2408277	1759610	1379611
山 东	39885562	36369310	13612975	8462006	4662897
河 南	13235006	11317670	4142126	3379609	2002072
湖 北	72299976	55329354	27808324	20532459	5368127
湖 南	11621000	8960255	3122100	4562738	2653477
广 东	44245586	41362712	20141175	7762886	4139052
广 西	7296121	6211016	2075898	2367585	1369677
海 南	667100	645890	339337	478092	402071
重 庆	10784522	9264928	2481191	3140487	1551021
四 川	47123754	38735991	15437452	13115226	4686294
贵 州	29269977	23722027	6647075	7165952	2393147
云 南	10219704	9432878	4815017	3102407	1543920
西 藏	1569300	1482910	565484	324371	126192
陕 西	14397049	13645749	6550773	3654410	2262671
甘 肃	13899695	11362439	3995219	4741048	1875876
青 海	3346444	2744126	1389364	1131496	410955
宁 夏	1551825	1482974	771014	356906	219705
新 疆	8120872	7446808	2587227	2174917	713424

2-11 各地区国有建筑业企业收入情况

单位：万元

地区	主营业务收入	主营业务成本	主营业务税金及附加	其他业务收入	其他业务利润
全国总计	**403455413**	**371766974**	**1239046**	**5430648**	**419174**
北京	15686949	14521753	4780	96519	8819
天津	9443989	8601150	14471	108674	12968
河北	10065213	9333733	31043	183264	13130
山西	6407700	5707404	22894	43452	6176
内蒙古	3690315	3457527	8788	26177	5521
辽宁	5871340	5343655	18210	144571	5434
吉林	1773106	1665560	5449	60932	1770
黑龙江	2891842	2945597	11136	64280	5339
上海	48815063	45768088	86310	150186	21243
江苏	19995404	18402628	91017	303319	18915
浙江	3826349	3507364	12667	114516	20854
安徽	14912991	13845334	38306	286438	37807
福建	6862236	6412398	20840	64791	10370
江西	5407403	5048222	28531	67645	12562
山东	28190467	25895536	72070	350700	12479
河南	10031364	9281933	32428	211675	13660
湖北	54864613	49505761	192938	615394	74839
湖南	15302975	13966303	93930	399248	9821
广东	51148369	48325312	127026	263690	28151
广西	5826103	5177081	27323	120953	2523
海南	690679	653260	1631	8753	276
重庆	6953250	6364177	23102	111024	2949
四川	29549023	26731203	94330	583829	49100
贵州	8219485	7274515	42831	417739	13027
云南	6320611	5679457	22444	136260	4841
西藏	802075	748276	1234	3858	-1662
陕西	12646181	11648425	49027	155890	13901
甘肃	5997506	5620295	18594	272360	6894
青海	3639023	3263353	11483	24656	83
宁夏	1907956	1803750	7331	7375	488
新疆	5715836	5267925	26684	32482	6898

2-12 各地区国有建筑业企业费用情况

单位：万元

地 区	管理费用	销售费用	研发费用	财务费用	#利息收入	#利息支出
全国总计	**9428242**	**445832**	**8140467**	**2941431**	**1515901**	**3434065**
北 京	305777	25982	509835	134129	84289	148786
天 津	206860	2059	296686	15764	55266	63313
河 北	367304	3719	190441	61872	15596	45988
山 西	197622	3235	205152	148010	56243	184872
内蒙古	92009	3931	20986	16901	3245	17997
辽 宁	288224	3367	109491	42862	13469	39119
吉 林	90886	786	13645	10819	943	8574
黑龙江	104292	1167	21642	15843	2036	18040
上 海	675952	23296	1127033	148789	139318	198877
江 苏	512066	36598	185061	132132	89225	138150
浙 江	142240	3275	54356	6886	44818	54927
安 徽	197272	16232	349056	84498	29802	50613
福 建	144261	6484	87806	45247	18886	58380
江 西	196141	13078	60574	49585	10136	56506
山 东	792179	33397	612094	198796	100505	270937
河 南	253331	23287	127092	129194	14638	133426
湖 北	1239536	107476	1442127	422871	218633	565637
湖 南	412368	14601	417346	145058	80923	180831
广 东	716955	26367	979447	151250	107749	220631
广 西	144953	5207	90316	68584	7488	64880
海 南	11295	657	943	-233	831	140
重 庆	418103	14657	102177	98214	10151	88344
四 川	653832	47531	545030	231876	185779	376749
贵 州	315135	3394	92223	340387	40489	113227
云 南	180630	5405	59236	56425	12187	66450
西 藏	26522	372		2873	-322	3117
陕 西	302929	14689	216296	48767	44310	63775
甘 肃	166107	1001	38968	80726	101613	152130
青 海	93109	914	142351	15850	4499	2241
宁 夏	49575	589	9404	6587	1962	5279
新 疆	130780	3079	33654	30870	21194	42129

2–13 各地区国有建筑业企业利润及税金情况

单位：万元

地 区	利润总额	#所得税费用	税金总额	主营业务税金及附加	应交增值税
全国总计	**11618850**	**2097467**	**8155693**	**1239046**	**6916647**
北 京	28620	41791	171544	4780	166764
天 津	302954	30301	126082	14471	111612
河 北	130986	23792	222381	31043	191338
山 西	229307	21281	194336	22894	171442
内 蒙 古	65623	17272	40218	8788	31430
辽 宁	-15113	13556	133433	18210	115224
吉 林	29020	4993	43180	5449	37732
黑 龙 江	-253117	14082	85658	11136	74522
上 海	1233628	163223	768371	86310	682062
江 苏	739132	139167	394555	91017	303537
浙 江	184289	38354	89143	12667	76475
安 徽	450550	78467	293380	38306	255074
福 建	231684	40872	149457	20840	128617
江 西	124217	34506	147842	28531	119311
山 东	697322	134604	555591	72070	483521
河 南	261373	39773	208234	32428	175856
湖 北	2250280	433984	1141718	192988	948729
湖 南	424784	68495	441656	93980	347676
广 东	836442	132185	727447	127026	600421
广 西	362517	53225	134549	27323	107226
海 南	23926	5661	11114	1631	9483
重 庆	204015	24923	215177	23102	192075
四 川	1424962	244531	554919	94380	460540
贵 州	350503	87291	331278	42831	288448
云 南	326060	57416	171937	22444	149493
西 藏	27752	1710	14873	1284	13589
陕 西	390091	52710	298153	49027	249126
甘 肃	209756	32832	203044	18594	184450
青 海	120899	13382	41596	11483	30113
宁 夏	31063	8454	53156	7331	45825
新 疆	195325	44635	191622	26684	164938

2-14 各地区国有建筑业企业应收工程款及企业亏损情况

地　　区	应收工程款(万元)	企业个数(个)	#亏损企业个数	亏损企业的比重(%)
全国总计	**97476590**	**4439**	**826**	**18.6**
北　京	5001460	35	7	20.0
天　津	2504441	71	11	15.5
河　北	2037926	133	37	27.8
山　西	2358073	108	17	15.7
内蒙古	716139	28	6	21.4
辽　宁	1948498	206	59	28.6
吉　林	412594	81	14	17.3
黑龙江	743894	95	21	22.1
上　海	6110188	83	15	18.1
江　苏	5921050	254	32	12.6
浙　江	733603	104	13	12.5
安　徽	4550372	143	25	17.5
福　建	1558445	102	15	14.7
江　西	1679079	177	35	19.8
山　东	7448593	467	119	25.5
河　南	2981453	168	31	18.5
湖　北	11080131	247	27	10.9
湖　南	2133610	189	29	15.3
广　东	9157407	292	36	12.3
广　西	962449	116	37	31.9
海　南	190565	17	2	11.8
重　庆	1929072	106	10	9.4
四　川	7278156	396	45	11.4
贵　州	3835123	201	73	36.3
云　南	3575284	146	35	24.0
西　藏	354155	28	4	14.3
陕　西	4663214	162	25	15.4
甘　肃	3185343	122	20	16.4
青　海	581374	22	6	27.3
宁　夏	387144	38	3	7.9
新　疆	1457755	102	17	16.7

2-15 各地区国有建筑业企业主要经济效益指标

地区	产值利润率(%)	产值利税率(%)	资本利润率(%)	资本利税率(%)	人均利润(元/人)	人均利税(元/人)	资产负债率(%)
全国总计	**2.6**	**4.5**	**19.3**	**32.9**	**18965**	**32276**	**79.2**
北京	0.2	1.2	0.7	5.1	1322	9247	74.1
天津	3.3	4.6	15.5	21.9	36644	51894	74.5
河北	1.0	2.8	8.0	21.5	9225	24888	83.0
山西	3.5	6.5	16.7	30.8	25299	46741	73.4
内蒙古	1.6	2.6	12.4	20.0	13100	21129	85.5
辽宁	-0.3	2.1	-1.2	9.7	-1768	13844	76.8
吉林	1.4	3.4	2.7	6.7	11532	28692	54.3
黑龙江	-9.7	-6.4	-42.0	-27.8	-50209	-33218	100.6
上海	3.6	5.9	30.4	49.3	34351	55746	79.7
江苏	3.2	4.9	24.1	37.0	15437	23677	80.8
浙江	4.7	7.0	27.4	40.6	29506	43778	81.6
安徽	2.5	4.1	32.6	53.8	21291	35155	84.6
福建	2.2	3.6	24.0	39.5	9588	15773	76.2
江西	1.4	3.1	9.0	19.7	12213	26750	86.5
山东	2.5	4.5	15.0	26.9	23121	41543	82.5
河南	2.0	3.5	13.1	23.5	13530	24312	79.7
湖北	4.2	6.3	41.9	63.2	45010	67846	77.9
湖南	2.1	4.4	16.0	32.7	12362	25216	71.8
广东	1.5	2.8	20.2	37.8	9856	18427	85.1
广西	4.5	6.1	26.5	36.3	30879	42340	75.5
海南	3.8	5.6	6.0	8.7	29640	43409	58.3
重庆	1.9	3.8	13.2	27.0	15939	32751	77.4
四川	3.8	5.3	30.4	42.2	21650	30082	78.2
贵州	3.0	5.8	14.6	28.5	20711	40286	80.3
云南	3.2	4.9	21.1	32.3	21986	33580	76.7
西藏	3.9	5.9	22.0	33.8	61535	94514	82.9
陕西	2.6	4.6	17.2	30.4	16308	28772	79.8
甘肃	3.2	6.3	11.2	22.0	18241	35898	74.6
青海	4.3	5.8	29.4	39.5	48640	65374	74.7
宁夏	1.6	4.3	14.1	38.3	10155	27532	81.3
新疆	3.5	6.9	27.4	54.2	19931	39484	78.9

2-16 各地区集体建筑业企业签订合同情况

单位：万元

地 区	签订合同额	上年结转合同额	本年新签合同额
全国总计	**49043988**	**20465623**	**28578366**
北 京	1670437	1265283	405154
天 津	125036	58927	66108
河 北	891565	396914	494651
山 西	434458	235763	198694
内 蒙 古	60955	29749	31206
辽 宁	702529	165352	537177
吉 林	36047	12415	23632
黑 龙 江	309882	80947	228936
上 海	275579	157881	117698
江 苏	1720970	892754	828216
浙 江	2393930	1423411	970519
安 徽	967257	172058	795199
福 建	2477907	445856	2032050
江 西	4112147	964584	3147563
山 东	4966341	3066801	1899540
河 南	2488359	453453	2034906
湖 北	665444	90983	574461
湖 南	3062327	775532	2286795
广 东	8516314	5265944	3250370
广 西	2607200	935118	1672082
海 南	134544	38743	95801
重 庆	1041195	161449	879747
四 川	4032250	1696127	2336123
贵 州	660315	401900	258415
云 南	1464954	317053	1147902
西 藏	18138	5889	12248
陕 西	1858318	349630	1508688
甘 肃	1043183	531424	511759
青 海	206086	27779	178308
宁 夏	21728	13297	8432
新 疆	78596	32608	45988

2–17 各地区集体建筑业企业承包工程完成情况

单位：万元

地　　区	直接从建设单位承揽工程完成的产值			从建设单位以外承揽工程完成的产值
		自行完成施工产值	分包出去工程的产值	
全国总计	**29933540**	**29670324**	**263216**	**466251**
北　　京	741430	665542	75889	23297
天　　津	59409	58625	784	2440
河　　北	660077	659608	470	2060
山　　西	224215	224215		
内 蒙 古	40868	40868		
辽　　宁	514834	503993	10841	7509
吉　　林	27968	27968		
黑 龙 江	221802	221678	124	395
上　　海	131697	127949	3748	5968
江　　苏	1338608	1338608		22811
浙　　江	1065001	1054740	10261	102218
安　　徽	705483	703525	1958	47467
福　　建	1877077	1877077		9063
江　　西	3220052	3194164	25888	29741
山　　东	2334429	2333379	1049	26160
河　　南	1932114	1920622	11492	22035
湖　　北	502250	502210	40	4889
湖　　南	2553301	2547332	5969	20351
广　　东	3746649	3652024	94624	51340
广　　西	1667170	1665811	1359	476
海　　南	101615	99965	1650	1650
重　　庆	866115	860685	5430	13971
四　　川	2044662	2034846	9816	21345
贵　　州	209213	209213		18310
云　　南	1046942	1046942		23496
西　　藏	16254	16254		
陕　　西	1390451	1389909	542	5159
甘　　肃	504971	503689	1283	4099
青　　海	127068	127068		
宁　　夏	13453	13453		
新　　疆	48366	48366		

2-18 各地区集体企业建筑业总产值和竣工产值

单位：万元

地区	建筑业总产值	#装饰装修产值	#在外省完成的产值	按构成分组			竣工产值
				建筑工程产值	安装工程产值	其他产值	
全国总计	**30136575**	**689911**	**4256811**	**26606267**	**2559143**	**971164**	**17954372**
北　京	688839	37397	141557	678232	7711	2896	298474
天　津	61065	2816	3860	42037	18376	652	10069
河　北	661668	34241	59584	586252	28360	47055	194626
山　西	224215	12036		215657	6055	2503	105420
内蒙古	40868			40333	535		11022
辽　宁	511502	2082	22632	405377	63845	42279	224603
吉　林	27968	1062		26843		1125	25425
黑龙江	222073	213	2569	201928	3466	16679	116057
上　海	133917	22931	39364	127774	6053	91	68797
江　苏	1361419	51062	408540	1342525	18056	838	1151021
浙　江	1156958	20690	122386	954916	197462	4581	628831
安　徽	750992	2549	448069	296199	373641	81152	432697
福　建	1886140	6026	1561639	1881405	4735		1479049
江　西	3223905	60208	317743	2953692	142600	127613	2010603
山　东	2359540	46509	30495	2211849	120627	27064	1470741
河　南	1942658	11404	14756	1850123	54953	37582	973995
湖　北	507099	2471	3151	410661	84299	12139	304489
湖　南	2567682	91710	145742	2155548	277991	134144	1712055
广　东	3703365	139145	151088	3354948	249181	99236	2230733
广　西	1666287	84646		1504954	69330	92004	1191896
海　南	101615			86257	10533	4825	53791
重　庆	874656	1857	116023	852287	9624	12745	465716
四　川	2056191	5676	656970	1488992	452913	114286	1044210
贵　州	227523	1431		206464	15262	5797	129044
云　南	1070438	19534		886057	115842	68539	473611
西　藏	16254			16164		89	
陕　西	1395068	29530	7425	1278631	91744	24693	670392
甘　肃	507787	2679	3218	457829	42316	7643	393466
青　海	127068	7		73036	53891	141	40530
宁　夏	13453			13443	10		2763
新　疆	48366			5858	39734	2775	40243

2-19 各地区集体建筑业企业房屋建筑面积

地　区	房　屋 施工面积 (万平方米)	#本年新开工	房　屋 竣工面积 (万平方米)	房屋竣工率 (%)
全国总计	**19576**	**7420**	**7685**	**39.3**
北　京	515	51	67	13.0
天　津	1			11.8
河　北	505	108	69	13.7
山　西	209	70	50	24.2
内 蒙 古	45	20	6	13.9
辽　宁	168	86	49	29.1
吉　林	1	1		16.0
黑 龙 江	79	53	47	59.9
上　海	64	12	11	16.5
江　苏	698	89	515	73.8
浙　江	1112	140	157	14.1
安　徽	254	204	208	81.7
福　建	2346	642	627	26.7
江　西	2046	1221	991	48.4
山　东	1973	734	701	35.5
河　南	1590	616	464	29.2
湖　北	292	186	197	67.5
湖　南	1708	1029	939	55.0
广　东	2964	718	970	32.7
广　西	799	332	430	53.8
海　南	42	33	36	86.4
重　庆	158	118	112	70.5
四　川	557	255	378	67.8
贵　州	231	75	88	38.1
云　南	309	137	184	59.4
西　藏	1	1		
陕　西	557	352	251	45.0
甘　肃	335	131	132	39.4
青　海	14	7	8	58.2
宁　夏	1			
新　疆	1			

2-20 各地区按主要用途分的集体建筑业企业房屋竣工面积

单位：万平方米

地区	总计	住宅房屋	商业及服务用房屋	办公用房屋	科研、教育和医疗用房屋
全国总计	**7685**	**5060**	**331**	**269**	**320**
北京	67	55	9		3
天津					
河北	69	56	1	1	1
山西	50	48	2		
内蒙古	6	2			
辽宁	49	34	1	2	3
吉林					
黑龙江	47	32		1	
上海	11	7			
江苏	515	114		10	
浙江	157	76	15	9	2
安徽	208	84	1	23	17
福建	627	588			
江西	991	634	55	53	17
山东	701	574	8	6	42
河南	464	291	12	1	33
湖北	197	175	1	6	4
湖南	939	612	39	79	80
广东	970	603	38	15	28
广西	430	267	51	18	33
海南	36	26	4	1	4
重庆	112	78			
四川	378	293	34	15	11
贵州	88	82	4		1
云南	184	89	18	12	15
西藏					
陕西	251	139	34	14	15
甘肃	132	102		3	9
青海	8		5		
宁夏					
新疆					

2-20 续表　　　　　　　　　　　　　　　　　　　　　　　　　单位：万平方米

地　　区	文化、体育和娱乐用房屋	厂房及建筑物	仓　　库	其他未列明的房屋建筑物
全国总计	**94**	**1284**	**98**	**230**
北　　京				
天　　津				
河　　北		5		6
山　　西				
内 蒙 古		4		1
辽　　宁	1	5	1	4
吉　　林				
黑 龙 江				14
上　　海		4		
江　　苏	24	344	22	
浙　　江	1	52	1	1
安　　徽	27	30	22	4
福　　建	6	30		3
江　　西	5	204	9	13
山　　东	6	53	4	8
河　　南	2	113	4	9
湖　　北		9	1	1
湖　　南	3	80	10	35
广　　东	2	250	16	17
广　　西	9	19	1	33
海　　南				2
重　　庆		6		28
四　　川	2	18	3	1
贵　　州				1
云　　南	4	32	1	12
西　　藏				
陕　　西		15		34
甘　　肃	1	12	1	4
青　　海				1
宁　　夏				
新　　疆				

2-21 各地区按主要用途分的集体建筑业企业房屋竣工价值

单位：万元

地 区	总计				
		住宅房屋	商业及服务用房屋	办公用房 屋	科研、教育和医疗用房屋
全国总计	**12588911**	**8659847**	**593912**	**377202**	**496294**
北 京	239112	200767	23216		15129
天 津	177		79		
河 北	118114	96557	655	381	4516
山 西	89065	83381	3117		850
内蒙古	8998	1282	195		
辽 宁	62477	43922	2013	2463	3967
吉 林	529		529		
黑龙江	75597	47564	170	1757	181
上 海	40622	30973			
江 苏	701070	221229	1213	31362	262
浙 江	338060	193197	54955	15898	9848
安 徽	211217	87224	857	23173	16525
福 建	1337393	1268570			
江 西	1363479	889765	73480	69624	19398
山 东	1181523	926006	22367	14259	87102
河 南	641550	428319	7958	1141	22883
湖 北	242160	214466	590	7506	3993
湖 南	1270672	841819	62290	88674	100043
广 东	1733019	1112828	57361	25840	54432
广 西	856044	553759	110397	37707	54803
海 南	47743	34064	5437	498	4918
重 庆	241965	140924	146		
四 川	547612	419306	53449	19034	18494
贵 州	94339	84109	6602	224	1648
云 南	314854	158326	31323	10584	30619
西 藏					
陕 西	498874	352635	56193	17565	22086
甘 肃	310954	227916	4725	8448	23631
青 海	21695	940	14595	1067	968
宁 夏					
新 疆					

2-21 续表

单位：万元

地区	文化、体育和娱乐用房屋	厂房及建筑物	仓库	其他未列明的房屋建筑物
全国总计	**131248**	**1809147**	**108231**	**413030**
北京				
天津		77	20	
河北		9087	530	6388
山西		95	1206	416
内蒙古		6188	253	1081
辽宁	1615	5014	63	3421
吉林				
黑龙江				25924
上海		9649		
江苏	24560	417801	4100	545
浙江	1554	60237	2216	156
安徽	22513	29797	21020	10108
福建	16349	51360		1115
江西	5100	276485	10395	19233
山东	9558	101271	6953	14007
河南	9273	162120	3222	6634
湖北	188	13128	1483	806
湖南	3940	109551	18941	45416
广东	3922	388536	27528	62572
广西	18787	34146	1351	45093
海南				2826
重庆		9315		91580
四川	2033	30283	3987	1026
贵州	149	112		1496
云南	7123	53520	1357	22003
西藏				
陕西	799	15577		34019
甘肃	2803	24942	2724	15764
青海	983	859	882	1402
宁夏				
新疆				

2-22 各地区集体建筑业企业主要生产效益指标

地　区	建筑业企业个数（个）	从事建筑业活动的平均人数（人）	按总产值计算的劳动生产率（元/人）	人均竣工产值（元/人）	人均施工面积（平方米/人）	人均竣工面积（平方米/人）
全国总计	**1821**	**863254**	**349104**	**207985**	**226.8**	**89.0**
北　京	44	7411	929481	402745	695.3	90.1
天　津	16	1785	342101	56408	5.8	0.7
河　北	47	11504	575163	169181	439.1	60.3
山　西	37	4818	465369	218805	432.8	104.5
内蒙古	6	1121	364565	98326	404.9	56.1
辽　宁	109	16083	318039	139653	104.7	30.5
吉　林	10	824	339416	308558	9.0	1.4
黑龙江	30	5404	410942	214762	146.1	87.5
上　海	17	3745	357589	183703	170.6	28.1
江　苏	62	34952	389511	329315	199.7	147.4
浙　江	47	34634	334053	181565	321.1	45.2
安　徽	48	24522	306252	176452	103.6	84.7
福　建	25	59661	316143	247909	393.1	105.1
江　西	118	84541	381342	237826	242.0	117.2
山　东	260	57700	408932	254895	341.9	121.5
河　南	82	50720	383016	192034	313.4	91.5
湖　北	45	13855	366004	219768	210.5	142.0
湖　南	117	81008	316966	211344	210.8	115.9
广　东	184	118529	312444	188201	250.1	81.8
广　西	111	42070	396075	283313	190.0	102.2
海　南	10	2691	377611	199893	154.3	133.3
重　庆	28	26326	332240	176903	60.2	42.5
四　川	95	89243	230404	117008	62.5	42.4
贵　州	32	10108	225092	127665	229.0	87.3
云　南	79	23391	457628	202476	132.1	78.5
西　藏	4	465	349538		28.9	
陕　西	88	31208	447022	214814	178.5	80.3
甘　肃	47	21671	234316	181564	154.5	60.9
青　海	12	2190	580219	185070	61.9	36.0
宁　夏	5	366	367560	75495	38.1	
新　疆	6	708	683130	568401	8.0	

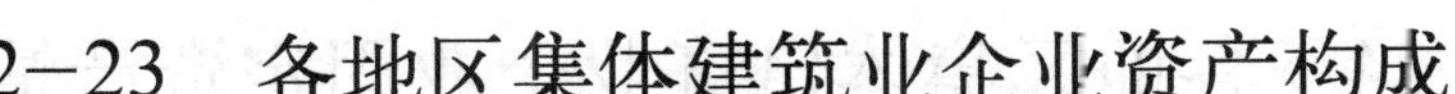

2-23 各地区集体建筑业企业资产构成

单位：万元

地　　区	资产总计	流动资产合计	#存货
全国总计	**21366075**	**17749750**	**3809352**
北　　京	1200185	1086164	321155
天　　津	332752	308436	18374
河　　北	348212	295297	29375
山　　西	618345	581253	331444
内 蒙 古	57369	53363	29582
辽　　宁	1030780	867530	104163
吉　　林	75987	73509	9686
黑 龙 江	163017	111182	21809
上　　海	143807	135161	31160
江　　苏	875646	714355	121636
浙　　江	898713	759992	254477
安　　徽	304368	240111	70755
福　　建	617021	516007	134079
江　　西	1623357	1209416	292673
山　　东	3055956	2723236	623739
河　　南	533264	383166	56746
湖　　北	212007	169156	28911
湖　　南	905476	627679	126632
广　　东	2458688	2169035	434187
广　　西	1082972	929598	132092
海　　南	120263	106134	6608
重　　庆	420473	359857	116815
四　　川	1022237	869510	217759
贵　　州	498652	444990	89651
云　　南	751932	618306	24226
西　　藏	21865	19417	6960
陕　　西	1242867	737504	112989
甘　　肃	460006	389802	54795
青　　海	139659	119645	3175
宁　　夏	68761	65816	1201
新　　疆	81439	65126	2500

2-24 各地区集体建筑业企业固定资产情况

单位：万元

地　区	固定资产原价	累计折旧	#本年折旧	在建工程
全国总计	**2537982**	**1092822**	**124814**	**707370**
北　京	112207	50308	4180	2076
天　津	15895	9924	2951	225
河　北	40170	10884	1148	3543
山　西	40444	18260	2341	757
内蒙古	6910	2915	376	
辽　宁	103265	46465	4434	2159
吉　林	5176	3010	270	3417
黑龙江	20076	7478	720	14705
上　海	10502	5177	191	5348
江　苏	93838	50619	3639	1730
浙　江	161593	68878	7733	10914
安　徽	78414	43899	3985	3568
福　建	41816	13918	1227	2322
江　西	235760	76379	11013	61493
山　东	265623	119440	16956	25408
河　南	108188	42776	5820	2743
湖　北	66211	42234	3097	3154
湖　南	166514	59771	6907	45507
广　东	230640	108593	8301	143958
广　西	113132	39728	6390	30243
海　南	4900	3406	97	114
重　庆	46453	16265	1602	18657
四　川	132747	69820	8233	3753
贵　州	30564	9582	3771	1150
云　南	97529	40051	4470	19351
西　藏	674	121	16	
陕　西	172063	68515	9929	291190
甘　肃	91373	42453	3000	6575
青　海	17204	10061	1163	2856
宁　夏	5693	3597	44	14
新　疆	22409	8298	813	441

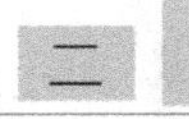

2-25 各地区集体建筑业企业负债及所有者权益

单位：万元

地区	负债合计	#流动负债	#应付账款	所有者权益	#实收资本
全国总计	**14413912**	**13385273**	**4063074**	**6952163**	**3391223**
北京	903939	900212	266328	296246	148234
天津	213781	211792	44617	118971	123503
河北	235077	229216	72079	113136	59861
山西	556673	547916	115207	61672	53658
内蒙古	48494	45495	10614	8875	13871
辽宁	831852	755330	225291	198928	124154
吉林	66154	66111	46011	9833	8332
黑龙江	115064	53376	24190	47952	29898
上海	98787	98758	50635	45020	27358
江苏	560152	486807	220071	315494	113356
浙江	592655	583395	162047	306058	163173
安徽	170001	162368	26533	134367	37872
福建	389226	344228	31832	227795	98332
江西	1070820	901073	277413	552537	252799
山东	2467128	2358175	747653	588828	364898
河南	269132	193929	70429	264132	136184
湖北	83831	78093	50844	128176	63335
湖南	519323	448902	108996	386153	253035
广东	1681677	1624682	460679	777011	316735
广西	682971	628671	174252	400001	233528
海南	60602	60237	42144	59661	7753
重庆	289557	281625	23212	130916	53642
四川	722245	682489	194973	299992	156152
贵州	354531	342053	44777	144121	64979
云南	328719	309775	90445	423212	101821
西藏	10361	9837	4827	11505	6878
陕西	558218	456418	178286	684649	258972
甘肃	323211	315405	165365	136796	75265
青海	102841	102435	71282	36818	16454
宁夏	46379	46379	19493	22382	16731
新疆	60512	60094	42390	20927	10458

2-26 各地区集体建筑业企业收入情况

单位：万元

地　区	主营业务收　入	主营业务成　本	主营业务税金及附加	其他业务收　入	其他业务利　润
全国总计	**23910719**	**21902537**	**347572**	**764887**	**16198**
北　京	939654	887534	2632	8751	4710
天　津	80480	71267	250	105	2
河　北	565429	538995	2999	2541	7
山　西	245201	233428	1224	2160	166
内蒙古	42384	38762	187	40	34
辽　宁	461016	417796	2275	69290	329
吉　林	43487	41205	251		
黑龙江	148817	138360	2094	20981	
上　海	140945	132217	415	379	378
江　苏	1226802	1119669	6449	2406	-25
浙　江	1026138	964535	5049	19081	3436
安　徽	776156	677599	26502	4260	120
福　建	974159	921481	5558	4434	243
江　西	2154051	1956327	40875	52315	1364
山　东	1850887	1725085	23840	94534	792
河　南	571452	516821	8480	4730	3
湖　北	406441	353666	6880	4847	-3
湖　南	2061564	1756143	59180	26393	445
广　东	3693063	3463062	49183	25537	1122
广　西	1041794	973837	10645	11515	359
海　南	85530	81777	381	34	34
重　庆	744748	682019	12823	2034	218
四　川	2008098	1820252	27261	261077	977
贵　州	196568	180222	3072	27987	285
云　南	591437	529551	14318	30625	81
西　藏	6182	5470	44	877	
陕　西	1100485	1010686	27202	50227	105
甘　肃	517171	477083	6384	36851	234
青　海	120621	107375	654	22	
宁　夏	13914	13239	95		
新　疆	76050	67075	373	855	784

2–27 各地区集体建筑业企业费用情况

单位：万元

地　区	管理费用	销售费用	研发费用	财务费用	#利息收入	#利息支出
全国总计	**872081**	**95591**	**35190**	**61079**	**17772**	**70651**
北　京	52451	306		-328	524	337
天　津	8273	449		-44	-11	
河　北	10584	1532		-141	-9	26
山　西	9280	1079		300	-10	143
内蒙古	1886			143	-1	3
辽　宁	33377	322		1736	152	88
吉　林	1700			29	3	31
黑龙江	6103	99		57	32	
上　海	8007	280		-73	-5	10
江　苏	32993	5273	6022	2409	1811	37879
浙　江	39336	1581	1362	737	1075	1570
安　徽	59842	1205	119	778	264	97
福　建	21202	45	8077	7415	461	5219
江　西	59890	7240	4204	12936	-479	11172
山　东	70856	5696	6712	8370	395	1811
河　南	18133	4781		2953	38	1310
湖　北	17519	5538	33	1642	22	1044
湖　南	81832	22121	3779	5021	261	424
广　东	79601	5833	3931	-446	-1000	789
广　西	39967	1500		1955	154	1141
海　南	2692	1		2		1
重　庆	15356	1094		378	-612	151
四　川	85454	23677	670	10661	1866	5026
贵　州	8160	10		197	-6	17
云　南	26026	3191	282	2300	628	666
西　藏	626			1		
陕　西	33729	638		1240	82	802
甘　肃	27904	1844		1007	12084	892
青　海	12259			-59	-19	
宁　夏	772			-20		
新　疆	6273	259		-80	76	4

2-28 各地区集体建筑业企业利润及税金情况

单位：万元

地　区	利润总额	#所得税费用	税金总额	主营业务税金及附加	应交增值税
全国总计	**775530**	**179371**	**1103103**	**347572**	**755530**
北　京	4356	1849	15851	2632	13219
天　津	-2385	380	3970	250	3721
河　北	12751	3707	14502	2999	11504
山　西	515	590	8169	1224	6945
内蒙古	1516	506	1706	187	1519
辽　宁	12920	2121	22027	2275	19752
吉　林	745	192	2880	251	2629
黑龙江	3058	653	6412	2094	4319
上　海	896	126	5199	415	4784
江　苏	47335	15645	27800	6449	21352
浙　江	22767	6426	28334	5049	23285
安　徽	11029	2735	72746	26502	46244
福　建	22006	3645	15141	5558	9583
江　西	79575	17205	110362	40875	69486
山　东	53123	10123	88468	23840	64628
河　南	33491	3596	27916	8480	19436
湖　北	24191	5058	26400	6880	19520
湖　南	98421	13676	126263	59180	67083
广　东	112726	39062	184623	49183	135440
广　西	16518	4505	46925	10645	36281
海　南	589	814	4266	381	3885
重　庆	40029	6092	23647	12823	10825
四　川	73215	22196	91105	27261	63844
贵　州	7477	2462	12166	3072	9094
云　南	26393	7274	36711	14318	22394
西　藏	929	83	61	44	17
陕　西	53853	5592	68324	27202	41122
甘　肃	10155	3309	23786	6384	17402
青　海	4238	-482	4564	654	3910
宁　夏	-347	3	688	95	593
新　疆	3445	232	2091	373	1717

2-29 各地区集体建筑业企业应收工程款及企业亏损情况

地 区	应收工程款（万元）	企业个数（个）	#亏损企业个数	亏损企业的比重（%）
全国总计	**3964708**	**1821**	**416**	**22.8**
北 京	192752	44	12	27.3
天 津	80970	16	8	50.0
河 北	72861	47	13	27.7
山 西	113584	37	17	45.9
内 蒙 古	6637	6	1	16.7
辽 宁	152458	109	39	35.8
吉 林	29798	10	3	30.0
黑 龙 江	13834	30	11	36.7
上 海	13134	17	4	23.5
江 苏	181547	62	9	14.5
浙 江	138485	47	16	34.0
安 徽	61383	48	12	25.0
福 建	60086	25	9	36.0
江 西	248991	118	10	8.5
山 东	670371	260	73	28.1
河 南	67626	82	19	23.2
湖 北	69352	45	4	8.9
湖 南	130272	117	12	10.3
广 东	453006	184	29	15.8
广 西	246519	111	39	35.1
海 南	6843	10	2	20.0
重 庆	52270	28	6	21.4
四 川	180967	95	7	7.4
贵 州	76536	32	9	28.1
云 南	123147	79	18	22.8
西 藏	2518	4		
陕 西	228680	88	18	20.5
甘 肃	185889	47	12	25.5
青 海	58470	12	1	8.3
宁 夏	24355	5	3	60.0
新 疆	21369	6		

2-30 各地区集体建筑业企业主要经济效益指标

地　区	产值利润率(%)	产值利税率(%)	资本利润率(%)	资本利税率(%)	人均利润(元/人)	人均利税(元/人)	资产负债率(%)
全国总计	**2.6**	**6.2**	**22.9**	**55.4**	**8984**	**21762**	**67.5**
北　京	0.6	2.9	2.9	13.6	5877	27266	75.3
天　津	-3.9	2.6	-1.9	1.3	-13362	8880	64.2
河　北	1.9	4.1	21.3	45.5	11084	23691	67.5
山　西	0.2	3.9	1.0	16.2	1069	18024	90.0
内蒙古	3.7	7.9	10.9	23.2	13521	28737	84.5
辽　宁	2.5	6.8	10.4	28.1	8033	21729	80.7
吉　林	2.7	13.0	8.9	43.5	9039	43984	87.1
黑龙江	1.4	4.3	10.2	31.7	5659	17525	70.6
上　海	0.7	4.6	3.3	22.3	2392	16274	68.7
江　苏	3.5	5.5	41.8	66.3	13543	21497	64.0
浙　江	2.0	4.4	14.0	31.3	6574	14755	65.9
安　徽	1.5	11.2	29.1	221.2	4497	34163	55.9
福　建	1.2	2.0	22.4	37.8	3689	6226	63.1
江　西	2.5	5.9	31.5	75.1	9413	22467	66.0
山　东	2.3	6.0	14.6	38.8	9207	24539	80.7
河　南	1.7	3.2	24.6	45.1	6603	12107	50.5
湖　北	4.8	10.0	38.2	79.9	17460	36515	39.5
湖　南	3.8	8.8	38.9	88.8	12150	27736	57.4
广　东	3.0	8.0	35.6	93.9	9510	25087	68.4
广　西	1.0	3.8	7.1	27.2	3926	15080	63.1
海　南	0.6	4.8	7.6	62.6	2190	18042	50.4
重　庆	4.6	7.3	74.6	118.7	15205	24188	68.9
四　川	3.6	8.0	46.9	105.2	8204	18413	70.7
贵　州	3.3	8.6	11.5	30.2	7397	19432	71.1
云　南	2.5	5.9	25.9	62.0	11284	26978	43.7
西　藏	5.7	6.1	13.5	14.4	19985	21301	47.4
陕　西	3.9	8.8	20.8	47.2	17256	39149	44.9
甘　肃	2.0	6.7	13.5	45.1	4686	15662	70.3
青　海	3.3	6.9	25.8	53.5	19350	40190	73.6
宁　夏	-2.6	2.5	-2.1	2.0	-9475	9328	67.4
新　疆	7.1	11.4	32.9	52.9	48657	78186	74.3

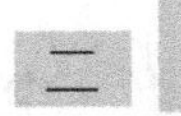

2-31 各地区私营建筑业企业签订合同情况

单位：万元

地　区	签订合同额	上年结转合同额	本年新签合同额
全国总计	**2236839183**	**946313516**	**1290525667**
北　京	17236541	7419711	9816830
天　津	11991836	5321751	6670085
河　北	50418502	21738567	28679936
山　西	33505917	14264769	19241149
内蒙古	14680436	6872704	7807732
辽　宁	23226842	8141252	15085590
吉　林	27185202	12837973	14347229
黑龙江	7548828	3343570	4205258
上　海	33757513	17084369	16673144
江　苏	361515746	140531127	220984619
浙　江	303345732	155329281	148016451
安　徽	83746559	29778831	53967728
福　建	208804907	84956019	123848888
江　西	79697848	23130154	56567694
山　东	117833608	48746223	69087385
河　南	93441754	33055652	60386103
湖　北	93818587	34362615	59455972
湖　南	86229932	35043056	51186877
广　东	160973928	85702425	75271504
广　西	52886423	24869986	28016437
海　南	2517358	1482834	1034525
重　庆	77147213	27254979	49892234
四　川	148350284	63420796	84929488
贵　州	27919197	16713177	11206020
云　南	40383555	11666864	28716691
西　藏	1345325	640460	704866
陕　西	33210875	13820878	19389998
甘　肃	16235721	7432339	8803381
青　海	4014687	2139569	1875119
宁　夏	6689637	2753021	3936616
新　疆	17178690	6458568	10720122

2-32 各地区私营建筑业企业承包工程完成情况

单位：万元

地区	直接从建设单位承揽工程完成的产值	自行完成施工产值	分包出去工程的产值	从建设单位以外承揽工程完成的产值
全国总计	**1298293714**	**1281729813**	**16563901**	**93407460**
北京	8159742	7467765	691977	3082577
天津	6480232	5985221	495011	1931339
河北	26988890	26688624	300266	1167195
山西	19424763	19267323	157440	1255536
内蒙古	6473691	6413874	59818	124125
辽宁	15667457	15398824	268633	606499
吉林	13033780	13001051	32728	247904
黑龙江	4253953	4222271	31682	134669
上海	15299650	14236327	1063323	3717020
江苏	240340992	239713244	627748	26382813
浙江	154511771	152693692	1818079	7435824
安徽	50901639	50573892	327747	6870550
福建	121677264	121437124	240140	5194964
江西	54669765	53951396	718370	3521732
山东	64766713	62744688	2022025	3530560
河南	58762514	58004474	758040	2204367
湖北	64869364	64248382	620982	2768184
湖南	58746970	58054244	692726	2156525
广东	70341586	67516127	2825459	6275238
广西	28637988	28438186	199802	835597
海南	807442	795561	11881	55273
重庆	56551078	55678687	872391	3966222
四川	77888985	76918376	970609	5120712
贵州	8843392	8747829	95564	442644
云南	26558071	26408462	149609	2046952
西藏	707776	701534	6242	10304
陕西	19858859	19498316	360543	1684815
甘肃	7554477	7519554	34923	179937
青海	1901576	1881051	20526	16147
宁夏	3794902	3782927	11975	53322
新疆	9818434	9740792	77642	387914

2-33 各地区私营企业建筑业总产值和竣工产值

单位：万元

地区	建筑业总产值	#装饰装修产值	#在外省完成的产值	按构成分组			竣工产值
				建筑工程产值	安装工程产值	其他产值	
全国总计	**1375137273**	**75179394**	**332830903**	**1207148361**	**117489109**	**50499804**	**686081227**
北京	10550341	3113123	4231892	9105769	1128172	316400	5981933
天津	7916560	386610	1810585	6145443	1373255	397862	2362147
河北	27855819	1044878	4331666	23564275	2871571	1419973	11406246
山西	20522859	1051344	3750452	17622352	2118787	781720	7757649
内蒙古	6537999	81897	889622	5696540	379319	462140	2573696
辽宁	16005323	930472	2868506	12837383	2358718	809222	7287704
吉林	13248956	439782	1959015	11313769	1325599	609588	6930935
黑龙江	4356939	120274	352567	3766650	329156	261134	1816842
上海	17953346	2910828	6574718	13934557	3452280	566509	10343189
江苏	266096057	15807677	103422716	247903777	16047602	2144678	182503209
浙江	160129516	11217194	36183663	143813274	11799615	4516627	85580497
安徽	57444442	2219544	8374883	47811360	4237298	5395784	23221553
福建	126632088	3578449	65339462	117690023	6573366	2368699	51854724
江西	57473127	3188012	16811674	49451290	3598840	4422997	25725710
山东	66275248	4000922	10006733	52709568	11106496	2459184	31197781
河南	60208841	2317098	6761704	51461587	6086934	2660320	28371816
湖北	67016566	3450504	12083546	58278746	6532723	2205098	34274462
湖南	60210769	2141266	9427269	49307806	7093791	3809172	29883371
广东	73791365	8979689	9901249	61442449	9326781	3022135	25659079
广西	29273783	1073898	2422161	24767158	2123582	2383044	12706632
海南	850834	122895	94613	767378	52618	30839	213390
重庆	59644909	2548276	9422165	53448410	4150913	2045586	26409400
四川	82039088	2359417	10413047	71411377	6778458	3849253	39697291
贵州	9190473	295623	736210	7774803	1000034	415637	3236807
云南	28455414	710501	840508	24921293	2058318	1475802	13046809
西藏	711838	8636	5318	656605	32726	22508	383540
陕西	21183131	761942	2682805	18071797	2149075	962259	6373884
甘肃	7699491	129865	725868	6899930	501537	298025	3137028
青海	1897198	14363	81045	1727470	148205	21523	626676
宁夏	3836249	27572	269473	3589240	168582	78426	1397685
新疆	10128706	146845	55770	9256285	584761	287660	4119544

2-34 各地区私营建筑业企业房屋建筑面积

地　　区	房　　屋 施工面积 (万平方米)	#本年新开工	房　　屋 竣工面积 (万平方米)	房屋竣工率 (%)
全国总计	**678207**	**220619**	**221684**	**32.7**
北　京	1169	244	256	21.9
天　津	2386	413	782	32.8
河　北	15469	5123	4179	27.0
山　西	7389	2276	1958	26.5
内蒙古	2563	811	706	27.5
辽　宁	6863	2025	2355	34.3
吉　林	5512	1428	1561	28.3
黑龙江	861	341	365	42.4
上　海	7849	1638	1425	18.2
江　苏	178363	54039	53733	30.1
浙　江	114577	31348	29582	25.8
安　徽	24275	9840	9834	40.5
福　建	60556	17669	15502	25.6
江　西	18042	8453	8723	48.3
山　东	38538	11745	10952	28.4
河　南	24941	10157	10660	42.7
湖　北	31331	13424	13418	42.8
湖　南	23671	10919	11494	48.6
广　东	31988	8342	9910	31.0
广　西	10458	3220	4016	38.4
海　南	292	115	55	18.9
重　庆	20898	6950	8085	38.7
四　川	26481	10830	13954	52.7
贵　州	4244	1125	1316	31.0
云　南	6323	3103	3089	48.9
西　藏	161	88	69	42.6
陕　西	5594	1912	1664	29.7
甘　肃	1994	752	630	31.6
青　海	699	141	145	20.8
宁　夏	874	362	250	28.7
新　疆	3847	1787	1016	26.4

2-35　各地区按主要用途分的私营建筑业企业房屋竣工面积

单位：万平方米

地　区	总计	住宅房屋	商业及服务用房屋	办公用房　屋	科研、教育和医疗用房屋
全国总计	**221684**	**139938**	**13254**	**7434**	**7748**
北　京	256	133	36	34	7
天　津	782	416	35	32	20
河　北	4179	3016	137	118	252
山　西	1958	1307	157	54	130
内蒙古	706	506	48	10	30
辽　宁	2355	1586	126	36	39
吉　林	1561	1073	56	58	26
黑龙江	365	241	10	6	8
上　海	1425	765	78	51	34
江　苏	53733	37449	1743	1543	1259
浙　江	29582	14586	1931	757	866
安　徽	9834	4992	601	320	335
福　建	15502	10674	931	606	347
江　西	8723	4958	604	552	459
山　东	10952	7211	429	431	439
河　南	10660	7575	575	445	486
湖　北	13418	8816	1106	454	674
湖　南	11494	7867	968	431	541
广　东	9910	4726	677	302	440
广　西	4016	2058	414	212	336
海　南	55	30	3	6	3
重　庆	8085	5587	702	266	119
四　川	13954	9497	1200	349	452
贵　州	1316	942	61	27	61
云　南	3089	1745	254	179	175
西　藏	69	24	3	2	
陕　西	1664	1040	179	68	90
甘　肃	630	363	46	36	49
青　海	145	75	6	25	4
宁　夏	250	169	28	3	15
新　疆	1016	513	61	25	53

2-35 续表 单位：万平方米

地　区	文化、体育和娱乐用房屋	厂房及建筑物	仓　库	其他未列明的房屋建筑物
全国总计	**1955**	**42034**	**1752**	**7568**
北　京	1	23		23
天　津	5	175	10	88
河　北	36	456	12	153
山　西	14	210	3	83
内 蒙 古	19	62	3	29
辽　宁	4	447	8	107
吉　林	30	267	6	45
黑 龙 江	2	30	3	66
上　海	2	368	103	24
江　苏	411	10239	374	714
浙　江	262	9972	359	800
安　徽	81	2988	88	429
福　建	63	2510	78	293
江　西	82	1435	116	517
山　东	101	2028	71	244
河　南	139	1021	48	372
湖　北	168	1653	122	426
湖　南	124	1126	73	364
广　东	91	2924	70	682
广　西	95	548	38	316
海　南	1	10		2
重　庆	39	917	23	432
四　川	87	1708	60	602
贵　州	9	81	7	128
云　南	56	351	36	293
西　藏		25		14
陕　西	17	127	9	134
甘　肃	9	72	3	50
青　海	1	11	1	22
宁　夏	2	21	5	8
新　疆	6	228	21	109

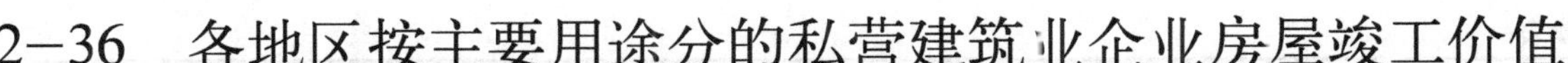

2-36　各地区按主要用途分的私营建筑业企业房屋竣工价值

单位：万元

地　区	总计	住宅房屋	商业及服务用房屋	办公用房　屋	科研、教育和医疗用房屋
全国总计	**406787736**	**260673671**	**24704413**	**15122924**	**20833431**
北　京	578765	266620	59732	94929	37943
天　津	991726	646929	31598	32429	19049
河　北	7230670	5215952	272412	166337	532132
山　西	3093008	2274491	202410	92968	159077
内蒙古	1302788	910380	94255	23078	81926
辽　宁	3972367	2788513	183714	56663	69095
吉　林	2771831	1724076	89157	140124	86992
黑龙江	488020	313980	31054	16098	15630
上　海	3352334	1832968	153714	114936	82121
江　苏	113842259	79798262	4021833	3848503	3681470
浙　江	58081275	32227242	4704454	1559974	2401551
安　徽	14147242	7496857	810139	462903	533826
福　建	31521726	22262059	2029231	1143066	862140
江　西	14930612	8397167	1057151	1633528	857341
山　东	19804215	12698199	1117972	944667	1051319
河　南	15057449	10910500	735523	640048	771064
湖　北	21428177	13825967	2041259	690777	1242526
湖　南	17910249	12020167	1551425	681675	942599
广　东	15179335	7380867	795036	549597	967921
广　西	7079682	3785122	563668	404575	693788
海　南	126765	76687	7437	12379	6557
重　庆	13295642	9210585	1231476	400192	210826
四　川	26485929	16286950	1754905	672363	4570182
贵　州	1871692	1280926	115525	45649	113347
云　南	5689417	3200714	473427	363475	369668
西　藏	132325	70733	5513	1906	988
陕　西	2674664	1694769	283190	125642	156759
甘　肃	1219378	732380	87447	66068	139697
青　海	291741	142926	20175	70009	9280
宁　夏	481742	345736	42662	7230	41864
新　疆	1754713	854947	136758	61134	124753

2-36 续表 单位：万元

地　区	文化、体育和娱乐用房屋	厂房及建筑物	仓　库	其他未列明的房屋建筑物
全国总计	**4080896**	**66805327**	**3128153**	**11438920**
北　京	475	59847	34	59136
天　津	3259	197567	1457	59439
河　北	94432	636269	20291	292845
山　西	20008	231912	3146	108997
内蒙古	36654	126434	6896	23165
辽　宁	24536	655067	15856	178921
吉　林	73096	580211	12183	65981
黑龙江	1867	35855	1651	71885
上　海	8197	850559	259597	50242
江　苏	1065081	19514407	711251	1201452
浙　江	632511	14508232	694535	1352777
安　徽	110742	4099335	117293	516097
福　建	172692	4470751	143203	438534
江　西	119256	2007856	129869	728445
山　东	193144	3067237	118656	613020
河　南	174552	1264196	58822	502744
湖　北	293721	2401204	218456	714267
湖　南	255380	1850373	98856	509775
广　东	128193	4325161	140696	891863
广　西	225151	884419	65274	457686
海　南	2104	16942	795	3866
重　庆	85011	1462155	36415	658981
四　川	178123	2097819	118290	807296
贵　州	15631	121490	10211	168913
云　南	89605	627776	62007	502746
西　藏	245	14446		38494
陕　西	35031	176758	18893	183623
甘　肃	15925	78755	15339	83766
青　海	1401	12009	1371	34570
宁　夏	3021	28218	2187	10824
新　疆	21854	402068	44624	108574

2-37 各地区私营建筑业企业主要生产效益指标

地区	建筑业企业个数(个)	从事建筑业活动的平均人数(人)	按总产值计算的劳动生产率(元/人)	人均竣工产值(元/人)	人均施工面积(平方米/人)	人均竣工面积(平方米/人)
全国总计	**118320**	**36027464**	**381691**	**190433**	**188.2**	**61.5**
北京	1738	305665	345160	195702	38.2	8.4
天津	1894	319334	247908	73971	74.7	24.5
河北	2980	625856	445084	182250	247.2	66.8
山西	3177	548139	374410	141527	134.8	35.7
内蒙古	856	141457	462190	181942	181.2	49.9
辽宁	4730	343171	466395	212364	200.0	68.6
吉林	2629	282134	469598	245661	195.4	55.3
黑龙江	1653	140679	309708	129148	61.2	25.9
上海	1746	411628	436155	251275	190.7	34.6
江苏	11884	7873567	337961	231792	226.5	68.2
浙江	9134	3941266	406290	217140	290.7	75.1
安徽	7505	1549874	370639	149829	156.6	63.4
福建	8297	3973377	318701	130505	152.4	39.0
江西	4497	1216315	472518	211505	148.3	71.7
山东	8068	1402167	472663	222497	274.8	78.1
河南	7797	1739767	346074	163078	143.4	61.3
湖北	4622	1270475	527492	269777	246.6	105.6
湖南	3013	1503436	400488	198767	157.4	76.5
广东	7171	1633092	451851	157120	195.9	60.7
广西	2190	582321	502709	218207	179.6	69.0
海南	142	20990	405352	101663	139.2	26.3
重庆	3237	1725786	345610	153028	121.1	46.8
四川	7121	2357963	347924	168354	112.3	59.2
贵州	1538	262912	349565	123114	161.4	50.0
云南	3307	734556	387382	177615	86.1	42.1
西藏	282	26255	271125	146083	61.3	26.1
陕西	3023	521890	405893	122131	107.2	31.9
甘肃	1774	205282	375069	152816	97.1	30.7
青海	315	40496	468490	154750	172.7	35.9
宁夏	627	111258	344807	125626	78.6	22.5
新疆	1373	216356	468150	190406	177.8	47.0

2-38 各地区私营建筑业企业资产构成

单位：万元

地区	资产总计	流动资产合计	#存货
全国总计	**1087392123**	**929661634**	**164209857**
北京	19833192	17577726	1655039
天津	12104092	10865049	891431
河北	35016096	29982474	6162740
山西	21733649	18715882	3358505
内蒙古	16209514	13477163	1678870
辽宁	28647742	24239794	3239462
吉林	21600920	18378298	2746964
黑龙江	6860332	5873797	1129571
上海	31254129	27908751	3057969
江苏	155976671	133548077	31953113
浙江	113865816	98058398	17096107
安徽	39662100	33736517	4960265
福建	56971740	48502692	7436279
江西	32374623	26455614	5778478
山东	76787097	65486544	13910262
河南	55404812	46886833	8206707
湖北	40998346	34325263	7351165
湖南	29518924	23946881	3985759
广东	87303198	79368761	10413585
广西	17290691	15267329	1905026
海南	1390930	1240534	90308
重庆	34044063	28770964	5301179
四川	54723612	44461156	8599255
贵州	17724240	14102386	2224092
云南	20312932	17203523	2569427
西藏	2468352	2087772	224467
陕西	23783176	20760787	3859073
甘肃	12119019	9939521	1613539
青海	2769405	2261438	483073
宁夏	4706320	4072025	773445
新疆	13936392	12159686	1554705

2–39 各地区私营建筑业企业固定资产情况

单位：万元

地　　区	固定资产原价	累计折旧	#本年折旧	在建工程
全国总计	**99260549**	**47508236**	**7219247**	**15429584**
北　京	1593521	847858	101118	83743
天　津	1000026	531354	63175	133290
河　北	3221512	1638034	225367	480973
山　西	2429117	1193406	196026	420266
内蒙古	1588575	802342	122795	320141
辽　宁	2754647	1504069	174867	216449
吉　林	1723564	849256	109815	379135
黑龙江	844851	447536	66646	114333
上　海	2335139	1265421	123522	179915
江　苏	17043652	8099155	1140221	2337887
浙　江	10567699	5248207	657314	1071069
安　徽	3590664	1579271	322418	711621
福　建	6331872	3161937	487645	558290
江　西	2739687	1164399	225024	616146
山　东	6912584	3243730	572523	786001
河　南	5207535	2160275	378317	872264
湖　北	4778225	2243528	298192	797729
湖　南	3249005	1418053	230571	902218
广　东	4730175	2289768	363614	727871
广　西	1223895	582287	120585	200548
海　南	91063	49668	9184	40355
重　庆	2452143	1141200	181436	616590
四　川	4060707	1985928	339905	1326270
贵　州	545398	210076	53352	320233
云　南	2279491	1162716	189540	425083
西　藏	240108	71178	11932	49527
陕　西	2386614	1128221	197945	355365
甘　肃	1119414	417221	72649	186203
青　海	294721	133553	15700	27586
宁　夏	474378	222796	38650	27679
新　疆	1450567	715791	129202	144809

2-40 各地区私营建筑业企业负债及所有者权益

单位：万元

地区	负债合计	#流动负债	#应付账款	所有者权益	#实收资本
全国总计	**693763229**	**641213157**	**247005825**	**393626374**	**220179509**
北京	14474687	13903077	6309614	5358527	3960607
天津	8582592	8127763	3484186	3521500	2355273
河北	24282609	22411876	9588038	10734294	6705442
山西	14263210	13612640	6347222	7470439	5309617
内蒙古	11277048	9861878	3620587	4932467	3473907
辽宁	19608455	16705361	5607502	9042113	5010460
吉林	14908604	13914655	4340464	6692316	3756594
黑龙江	3858852	3701628	1564295	3001479	2254159
上海	22350473	21414921	8328967	8903656	4646541
江苏	80343687	76926925	32179675	75633902	33189741
浙江	78256425	75910193	31916017	35609390	22208274
安徽	25860751	23029805	8155152	13801421	6896372
福建	30865135	27506271	8106554	26106605	14993037
江西	17473016	15360584	5090983	14901607	8320218
山东	55739152	52794979	22897023	21047945	12565771
河南	32720999	29554061	9042994	22683813	14147280
湖北	21199150	19260563	8004330	19799417	8992532
湖南	16974182	14482636	5129945	12544742	6464755
广东	62757455	58071201	19342297	24546141	12865495
广西	11888375	10901313	3424172	5402251	3480107
海南	862791	818357	248953	528139	283891
重庆	22536633	20269059	8462813	11507431	5740937
四川	35669021	31787210	12194355	19055183	11889046
贵州	13855864	11175377	3631131	3859533	2544671
云南	12463906	11616639	4399394	7849027	4728547
西藏	1404099	1309288	276627	1064254	358940
陕西	15387130	14450622	6270662	8396046	6248509
甘肃	8073115	7521449	2611479	4045905	2501424
青海	1893053	1720486	682212	876880	771928
宁夏	3196947	3047967	1388863	1509373	1114847
新疆	10735814	10044373	4359318	3200578	2400590

2-41 各地区私营建筑业企业收入情况

单位：万元

地　区	主营业务收入	主营业务成本	主营业务税金及附加	其他业务收入	其他业务利润
全国总计	**1103911371**	**1009748333**	**7732122**	**26507002**	**489189**
北　京	14823653	13276556	45661	212435	18501
天　津	8449323	7624579	38942	662422	8962
河　北	22630589	20962965	119219	1040875	7714
山　西	18122935	16754458	76990	581213	11561
内蒙古	7210149	6613186	33632	316610	5026
辽　宁	14859492	13488044	69090	1261865	6649
吉　林	11913719	10809727	74389	392304	-14578
黑龙江	4847135	4437770	30115	130106	1422
上　海	22252424	20375668	72217	166771	23065
江　苏	221141187	201888730	1492066	1123608	111461
浙　江	132123027	124362423	508151	1194756	119677
安　徽	43369024	39772343	270365	1202861	11784
福　建	94356007	85809747	892951	2005520	8083
江　西	34956738	31703122	310500	2553107	34689
山　东	62805546	57370163	290925	2183793	30904
河　南	41259682	37180505	339825	329828	8617
湖　北	52499892	47690904	526256	1098681	9598
湖　南	46112509	41654809	755544	1695313	3590
广　东	70406524	64040768	280079	1155130	29525
广　西	14332843	13223996	73257	744360	4216
海　南	963906	872881	3720	6594	152
重　庆	48281625	43363654	548950	1012081	12840
四　川	51791785	47243873	396849	2922949	17684
贵　州	6625758	6165185	48202	827159	1771
云　南	15666584	14288932	142963	521004	256
西　藏	838396	743680	5984	22564	847
陕　西	17573059	16013743	137240	570737	3984
甘　肃	7701166	7093124	54949	264228	602
青　海	1915335	1799618	6295	42172	92
宁　夏	3750936	3523647	17509	170894	3912
新　疆	10330427	9599536	69257	95061	6582

2-42 各地区私营建筑业企业费用情况

单位：万元

地 区	管理费用	销售费用	研发费用	财务费用	#利息收入	#利息支出
全国总计	**43678936**	**5007721**	**5085386**	**6412160**	**406152**	**3621548**
北 京	994096	272803	148286	45526	15209	48027
天 津	590670	96271	46996	42817	387	21815
河 北	909037	44891	91305	240590	18962	163188
山 西	847535	74961	104423	87959	5527	49435
内蒙古	346913	5792	28501	28994	2745	20694
辽 宁	974254	60898	63819	136075	9838	64861
吉 林	575014	30719	43799	150607	2340	132465
黑龙江	281720	9753	2477	12305	303	5777
上 海	1165034	181481	195745	100850	12259	62848
江 苏	6935872	832101	325321	1243544	75792	614613
浙 江	4374539	387064	1008428	682720	107575	504893
安 徽	1781461	305817	205429	233536	27526	108349
福 建	3451508	345096	283994	249093	8051	125553
江 西	1369799	146752	193650	210541	5925	112267
山 东	2705708	223062	532533	476295	35823	236560
河 南	1678467	195125	211461	263566	5351	113517
湖 北	1733577	327677	200783	312619	8372	168021
湖 南	1749542	260860	340947	243680	2574	89965
广 东	3243719	270388	733647	546262	23702	292327
广 西	700927	28135	39934	87191	5312	47233
海 南	51319	1960	652	5936	458	3726
重 庆	1804044	271803	61547	308981	-7166	168282
四 川	2319663	358678	113523	328952	11156	170935
贵 州	353378	24819	8347	34036	1713	18362
云 南	795526	104903	24203	73047	2398	45909
西 藏	62137	2095	55	3355	2488	3423
陕 西	855522	83785	45057	99655	4233	120242
甘 肃	308285	34335	19033	75507	11401	45853
青 海	85634	1929	3309	5542	632	3943
宁 夏	176612	6249	3943	14088	300	10991
新 疆	457425	17520	4238	68293	4970	47476

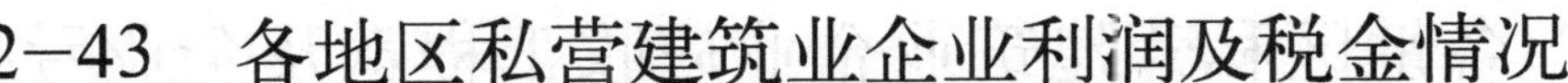

2-43　各地区私营建筑业企业利润及税金情况

单位：万元

地　　区	利润总额	#所得税费用	税金总额	主营业务税金及附加	应交增值税
全国总计	**33328381**	**6704909**	**37521656**	**7732122**	**29789534**
北　　京	61551	24346	383013	45661	337351
天　　津	93665	23061	302570	38942	263628
河　　北	162242	127560	675525	119219	556306
山　　西	306515	60666	644449	76990	567459
内 蒙 古	264784	36952	242020	33632	208388
辽　　宁	289329	64557	485546	69090	416455
吉　　林	318522	73192	443563	74389	369174
黑 龙 江	79474	15228	192392	30115	162277
上　　海	306616	76227	644689	72217	572473
江　　苏	9208961	1830082	6956486	1492066	5464420
浙　　江	2106200	474313	3711252	508151	3203101
安　　徽	1124403	184690	1540771	270365	1270405
福　　建	3764048	776442	3230057	892961	2337095
江　　西	1595651	289450	1159735	310500	849236
山　　东	1393692	257563	1986786	290925	1695861
河　　南	1764540	329609	1661238	339825	1321412
湖　　北	2153282	430753	2108403	526266	1582137
湖　　南	1528632	265632	1868291	755544	1112746
广　　东	1574929	321526	2183235	280079	1903156
广　　西	261580	72445	433526	73267	360260
海　　南	26034	9226	38071	3720	34350
重　　庆	2164366	371225	1983496	548950	1434547
四　　川	1532461	305134	1990403	396849	1593554
贵　　州	115459	37125	282264	48202	234062
云　　南	341727	73720	679533	142963	536570
西　　藏	26950	3714	32943	5984	26959
陕　　西	468658	94544	683785	137240	546545
甘　　肃	175528	31784	390396	54949	335446
青　　海	17645	4181	68725	6295	62430
宁　　夏	26475	8974	128257	17509	110748
新　　疆	74461	30987	390241	69257	320984

2-44 各地区私营建筑业企业应收工程款及企业亏损情况

地区	应收工程款(万元)	企业个数(个)	#亏损企业个数	亏损企业的比重(%)
全国总计	**290774370**	**118320**	**26549**	**22.4**
北京	6794036	1738	554	31.9
天津	3666865	1894	556	29.4
河北	9494851	2980	686	23.0
山西	6992694	3177	816	25.7
内蒙古	4047016	856	247	28.9
辽宁	7107871	4730	1552	32.8
吉林	6598743	2629	685	26.1
黑龙江	1842048	1653	466	28.2
上海	7204522	1746	542	31.0
江苏	44525859	11884	1585	13.3
浙江	28548471	9134	2793	30.6
安徽	11693535	7505	1450	19.3
福建	13778072	8297	1268	15.3
江西	6607095	4497	540	12.0
山东	22605297	8068	2120	26.3
河南	15704474	7797	1500	19.2
湖北	12120957	4622	691	15.0
湖南	7351689	3013	434	14.4
广东	19451248	7171	1743	24.3
广西	4254351	2190	779	35.6
海南	445933	142	39	27.5
重庆	9891758	3237	616	19.0
四川	14182907	7121	1032	14.5
贵州	4024651	1538	523	34.0
云南	5725817	3307	1145	34.6
西藏	367215	282	58	20.6
陕西	6443201	3023	675	22.3
甘肃	3039961	1774	521	29.4
青海	621671	315	117	37.1
宁夏	1658906	627	236	37.6
新疆	3982658	1373	580	42.2

2-45 各地区私营建筑业企业主要经济效益指标

地 区	产值利润率 (%)	产值利税率 (%)	资本利润率 (%)	资本利税率 (%)	人均利润 (元/人)	人均利税 (元/人)	资产负债率 (%)
全国总计	**2.4**	**5.2**	**15.1**	**32.2**	**9251**	**19666**	**63.8**
北 京	0.6	4.2	1.6	11.2	2014	14544	73.0
天 津	1.2	5.0	4.0	16.8	2933	12408	70.9
河 北	0.6	3.0	2.4	12.5	2592	13386	69.3
山 西	1.5	4.6	5.8	17.9	5592	17349	65.6
内蒙古	4.0	7.8	7.6	14.6	18718	35827	69.6
辽 宁	1.8	4.8	5.8	15.5	8431	22580	68.4
吉 林	2.4	5.8	8.5	20.3	11290	27011	69.0
黑龙江	1.8	6.2	3.5	12.1	5649	19325	56.2
上 海	1.7	5.3	6.6	20.5	7449	23111	71.5
江 苏	3.5	6.1	27.7	48.7	11696	20531	51.5
浙 江	1.3	3.6	9.5	26.2	5344	14760	68.7
安 徽	2.0	4.6	16.3	38.6	7255	17196	65.2
福 建	3.0	5.5	25.1	46.6	9473	17602	54.2
江 西	2.8	4.8	19.2	33.1	13119	22654	54.0
山 东	2.1	5.1	11.1	26.9	9940	24109	72.6
河 南	2.9	5.7	12.5	24.2	10142	19691	59.1
湖 北	3.2	6.4	23.9	47.4	16949	33544	51.7
湖 南	2.5	5.6	23.6	52.5	10168	22594	57.5
广 东	2.1	5.1	12.2	29.2	9644	23013	71.9
广 西	0.9	2.4	7.5	20.0	4492	11937	68.8
海 南	3.1	7.5	9.2	22.6	12403	30540	62.0
重 庆	3.6	7.0	37.7	72.3	12541	24035	66.2
四 川	1.9	4.3	12.9	29.6	6499	14940	65.2
贵 州	1.3	4.3	4.5	15.6	4392	15128	78.2
云 南	1.2	3.6	7.2	21.6	4652	13903	61.4
西 藏	3.8	8.4	7.5	16.7	10265	22812	56.9
陕 西	2.2	5.4	7.5	18.4	8980	22082	64.7
甘 肃	2.3	7.4	7.0	22.6	8551	27568	66.6
青 海	0.9	4.6	2.3	11.2	4357	21328	68.4
宁 夏	0.7	4.0	2.4	13.9	2380	13908	67.9
新 疆	0.7	4.6	3.1	19.4	3442	21479	77.0

2-46 各地区联营建筑业企业签订合同情况

单位：万元

地 区	签订合同额	上年结转合同额	本年新签合同额
全国总计	**412727**	**240510**	**172217**
北 京			
天 津	2021	107	1914
河 北			
山 西			
内蒙古			
辽 宁	7300		7300
吉 林			
黑龙江			
上 海	13368	4853	8515
江 苏	50438		50438
浙 江	1087		1087
安 徽			
福 建			
江 西			
山 东			
河 南			
湖 北	1587	425	1162
湖 南	28350	851	27499
广 东	147769	77793	69976
广 西	154114	154114	
海 南			
重 庆			
四 川			
贵 州			
云 南	709	32	677
西 藏			
陕 西	5837	2188	3648
甘 肃			
青 海			
宁 夏			
新 疆	147	147	

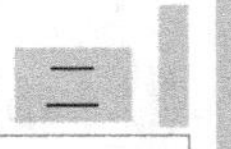

2-47 各地区联营建筑业企业承包工程完成情况

单位：万元

地区	直接从建设单位承揽工程完成的产值			从建设单位以外承揽工程完成的产值
		自行完成施工产值	分包出去工程的产值	
全国总计	**182208**	**180443**	**1765**	**1313**
北京				
天津	2256	2256		121
河北				
山西				
内蒙古				
辽宁	13800	13800		
吉林				
黑龙江				
上海	7635	6100	1535	
江苏	15749	15749		
浙江	811	811		
安徽				
福建				
江西				
山东				
河南				
湖北	727	727		
湖南	27300	27300		
广东	78024	77974	50	
广西	30143	30143		870
海南				
重庆				
四川				
贵州				
云南	567	387	180	322
西藏				
陕西	5050	5050		
甘肃				
青海				
宁夏				
新疆	147	147		

2–48 各地区联营企业建筑业总产值和竣工产值

单位：万元

地区	建筑业总产值	#装饰装修产值	#在外省完成的产值	按构成分组			竣工产值
				建筑工程产值	安装工程产值	其他产值	
全国总计	**181756**	**55375**	**2906**	**155915**	**23927**	**1914**	**39682**
北京							
天津	2377	258		2377			
河北							
山西							
内蒙古							
辽宁	13800				13800		
吉林							
黑龙江							
上海	6100	3954		6100			6100
江苏	15749			10784	4965		7991
浙江	811			811			705
安徽							
福建							
江西							
山东							
河南							
湖北	727				727		
湖南	27300			27300			9430
广东	77974	51163	2906	71993	4248	1732	14948
广西	31013			31013			253
海南							
重庆							
四川							
贵州							
云南	709			340	187	182	108
西藏							
陕西	5050			5050			
甘肃							
青海							
宁夏							
新疆	147			147			147

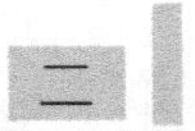

2-49 各地区联营建筑业企业房屋建筑面积

地区	房屋施工面积(万平方米)	#本年新开工	房屋竣工面积(万平方米)	房屋竣工率(%)
全国总计	**79**	**27**	**30**	**37.6**
北京				
天津				
河北				
山西				
内蒙古				
辽宁				
吉林				
黑龙江				
上海	3	3	3	100.0
江苏				
浙江	1	1		64.9
安徽				
福建				
江西				
山东				
河南				
湖北				
湖南	33		13	40.5
广东	39	19	13	33.1
广西	4	4		5.4
海南				
重庆				
四川				
贵州				
云南				100.0
西藏				
陕西				
甘肃				
青海				
宁夏				
新疆				100.0

2-50 各地区按主要用途分的联营建筑业企业房屋竣工面积

单位：万平方米

地　区	总计	住宅房屋	商业及服务用房屋	办公用房屋	科研、教育和医疗用房屋
全国总计	**30**	**10**		**3**	**13**
北　京					
天　津					
河　北					
山　西					
内蒙古					
辽　宁					
吉　林					
黑龙江					
上　海	3			3	
江　苏					
浙　江					
安　徽					
福　建					
江　西					
山　东					
河　南					
湖　北					
湖　南	13				13
广　东	13	10			
广　西					
海　南					
重　庆					
四　川					
贵　州					
云　南					
西　藏					
陕　西					
甘　肃					
青　海					
宁　夏					
新　疆					

2−50 续表　　单位：万平方米

地　区	文化、体育和娱乐用房屋	厂房及建筑物	仓　库	其他未列明的房屋建筑物
全国总计		**2**		**1**
北　京				
天　津				
河　北				
山　西				
内 蒙 古				
辽　宁				
吉　林				
黑 龙 江				
上　海				
江　苏				
浙　江				
安　徽				
福　建				
江　西				
山　东				
河　南				
湖　北				
湖　南				
广　东		2		
广　西				
海　南				
重　庆				
四　川				
贵　州				
云　南				
西　藏				
陕　西				
甘　肃				
青　海				
宁　夏				
新　疆				

2-51 各地区按主要用途分的联营建筑业企业房屋竣工价值

地 区	总计	住宅房屋	商业及服务用房屋	办公用房 屋	科研、教育和医疗用房屋
全国总计	**30133**	**10329**	**253**	**6100**	**9430**
北 京					
天 津					
河 北					
山 西					
内 蒙 古					
辽 宁					
吉 林					
黑 龙 江					
上 海	6100			6100	
江 苏					
浙 江	705				
安 徽					
福 建					
江 西					
山 东					
河 南					
湖 北					
湖 南	9430				9430
广 东	13390	10329			
广 西	253		253		
海 南					
重 庆					
四 川					
贵 州					
云 南	108				
西 藏					
陕 西					
甘 肃					
青 海					
宁 夏					
新 疆	147				

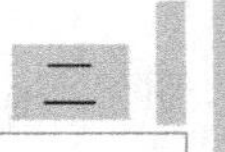

2-51 续表

单位：万元

地　区	文化、体育和娱乐用房屋	厂房及建筑物	仓　库	其他未列明的房屋建筑物
全国总计		**2201**	**356**	**1464**
北　京				
天　津				
河　北				
山　西				
内蒙古				
辽　宁				
吉　林				
黑龙江				
上　海				
江　苏				
浙　江				705
安　徽				
福　建				
江　西				
山　东				
河　南				
湖　北				
湖　南				
广　东		2201	356	504
广　西				
海　南				
重　庆				
四　川				
贵　州				
云　南				108
西　藏				
陕　西				
甘　肃				
青　海				
宁　夏				
新　疆				147

2-52 各地区联营建筑业企业主要生产效益指标

地 区	建筑业企业个数(个)	从事建筑业活动的平均人数(人)	按总产值计算的劳动生产率(元/人)	人均竣工产值(元/人)	人均施工面积(平方米/人)	人均竣工面积(平方米/人)
全国总计	**19**	**5039**	**360699**	**78750**	**157.5**	**59.2**
北 京						
天 津	2	57	417018			
河 北						
山 西						
内蒙古						
辽 宁	1	51	2705882			
吉 林						
黑龙江						
上 海	1	232	262927	262927	133.5	133.5
江 苏	2	426	369685	187577		
浙 江	1	39	207872	180872	150.6	97.8
安 徽						
福 建						
江 西						
山 东						
河 南						
湖 北	1	15	484867			
湖 南	1	570	478947	165439	571.9	231.6
广 东	5	3145	247930	47530	122.9	40.6
广 西	2	188	1649633	13463	227.8	12.3
海 南						
重 庆						
四 川						
贵 州						
云 南	1	185	38324	5838	5.2	5.2
西 藏						
陕 西	1	124	407258			
甘 肃						
青 海						
宁 夏						
新 疆	1	7	209429	209429	100.0	100.0

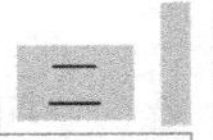

2-53 各地区联营建筑业企业资产构成

单位：万元

地　区	资产总计	#流动资产合计	#存货
全国总计	**197200**	**173167**	**25053**
北　京			
天　津	20822	20335	8210
河　北			
山　西			
内蒙古			
辽　宁	8072	8072	
吉　林			
黑龙江			
上　海	16299	15295	3344
江　苏	14659	9948	1627
浙　江	1325	1321	643
安　徽			
福　建			
江　西			
山　东			
河　南			
湖　北	2085	2067	89
湖　南	3508	2695	
广　东	59126	47230	7768
广　西	58322	57771	
海　南			
重　庆			
四　川			
贵　州			
云　南	1775	987	322
西　藏			
陕　西	10260	6500	3050
甘　肃			
青　海			
宁　夏			
新　疆	947	947	

2-54 各地区联营建筑业企业固定资产情况

单位：万元

地区	固定资产原价	累计折旧	#本年折旧	在建工程
全国总计	**23011**	**7860**	**2096**	**1403**
北京				
天津	2886	2399	3	
河北				
山西				
内蒙古				
辽宁	11	11	11	
吉林				
黑龙江				
上海	1260	256	7	
江苏	4721	10		
浙江	314	313	6	
安徽				
福建				
江西				
山东				
河南				
湖北	56	39	7	
湖南	813			
广东	6871	2822	112	1403
广西	43	43	43	
海南				
重庆				
四川				
贵州				
云南	356	48	8	
西藏				
陕西	5680	1920	1900	
甘肃				
青海				
宁夏				
新疆				

2–55 各地区联营建筑业企业负债及所有者权益

单位：万元

地　　区	负债合计	#流动负债	#应付账款	所有者权益	#实收资本
全国总计	**151729**	**140317**	**43779**	**45471**	**30180**
北　　京					
天　　津	18202	18202	11251	2620	6648
河　　北					
山　　西					
内 蒙 古					
辽　　宁	8543	8542	7927	-471	915
吉　　林					
黑 龙 江					
上　　海	7399	7399	4109	8901	4000
江　　苏	8790	6470	4736	5870	2430
浙　　江	550	550	211	775	611
安　　徽					
福　　建					
江　　西					
山　　东					
河　　南					
湖　　北	1323	1323	132	762	20
湖　　南	540	240	126	2968	813
广　　东	43525	42954	11040	15601	7073
广　　西	58216	50216		107	110
海　　南					
重　　庆					
四　　川					
贵　　州					
云　　南	444	224	199	1331	560
西　　藏					
陕　　西	4060	4060	4000	6200	6200
甘　　肃					
青　　海					
宁　　夏					
新　　疆	139	139		808	800

2-56 各地区联营建筑业企业收入情况

单位：万元

地　　区	主营业务收　　入	主营业务成　　本	主营业务税金及附加	其他业务收　　入	其他业务利　　润
全国总计	**180556**	**171858**	**779**	**286**	**4**
北　　京					
天　　津	2429	2296	13	76	5
河　　北					
山　　西					
内 蒙 古					
辽　　宁	13886	13696	71		
吉　　林					
黑 龙 江					
上　　海	14522	14008	42		
江　　苏	13913	13490	33		
浙　　江	548	490	2		
安　　徽					
福　　建					
江　　西					
山　　东					
河　　南					
湖　　北	1174	735	3	2	-1
湖　　南	4678	4520	157		
广　　东	79304	75047	314		
广　　西	42013	41225	21		
海　　南					
重　　庆					
四　　川					
贵　　州					
云　　南	2891	2235	110	208	
西　　藏					
陕　　西	5052	4000	13		
甘　　肃					
青　　海					
宁　　夏					
新　　疆	146	118			

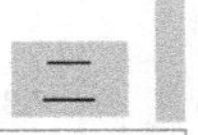

2-57 各地区联营建筑业企业费用情况

单位：万元

地区	管理费用	销售费用	研发费用	财务费用	#利息收入	#利息支出
全国总计	**4693**	**2008**	**230**	**213**	**95**	**8**
北京						
天津	614	1680		1		
河北						
山西						
内蒙古						
辽宁	27			-2	-3	1
吉林						
黑龙江						
上海	367			-12	13	
江苏	281				-1	
浙江	69					
安徽						
福建						
江西						
山东						
河南						
湖北	52	207		-2	2	
湖南	41					
广东	2650	43	230	-43	84	7
广西	544			261		
海南						
重庆						
四川						
贵州						
云南	8	7		4		
西藏						
陕西	30	71		5		
甘肃						
青海						
宁夏						
新疆	11					

2-58 各地区联营建筑业企业利润及税金情况

单位：万元

地区	利润总额	#所得税费用	税金总额	主营业务税金及附加	应交增值税
全国总计	**943**	**687**	**4022**	**779**	**3243**
北京					
天津	-507		33	13	19
河北					
山西					
内蒙古					
辽宁	140	35	124	71	53
吉林					
黑龙江					
上海	128	32	520	42	478
江苏	163	4	708	33	675
浙江	-11		36	2	34
安徽					
福建					
江西					
山东					
河南					
湖北	180	56	166	3	164
湖南	83	2	199	157	42
广东	657	519	1984	314	1670
广西	-71		47	21	26
海南					
重庆					
四川					
贵州					
云南	32	8	194	110	84
西藏					
陕西	132	30	13	13	
甘肃					
青海					
宁夏					
新疆	17				

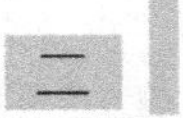

2-59 各地区联营建筑业企业应收工程款及企业亏损情况

地　区	应收工程款（万元）	企业个数（个）	#亏损企业个数	亏损企业的比重（%）
全国总计	**29591**	**19**	**4**	**21.1**
北　京				
天　津	5571	2	1	50.0
河　北				
山　西				
内蒙古				
辽　宁	7158	1		
吉　林				
黑龙江				
上　海	4109	1		
江　苏	1299	2		
浙　江		1	1	100.0
安　徽				
福　建				
江　西				
山　东				
河　南				
湖　北	327	1		
湖　南	2391	1		
广　东	4682	5	1	20.0
广　西	74	2	1	50.0
海　南				
重　庆				
四　川				
贵　州				
云　南	533	1		
西　藏				
陕　西	3450	1		
甘　肃				
青　海				
宁　夏				
新　疆		1		

2-60 各地区联营建筑业企业主要经济效益指标

地区	产值利润率(%)	产值利税率(%)	资本利润率(%)	资本利税率(%)	人均利润(元/人)	人均利税(元/人)	资产负债率(%)
全国总计	**0.5**	**2.7**	**3.1**	**16.5**	**1872**	**9854**	**76.9**
北京							
天津	-21.3	-20.0	-7.6	-7.1	-89000	-83246	87.4
河北							
山西							
内蒙古							
辽宁	1.0	1.9	15.3	28.9	27490	51863	105.8
吉林							
黑龙江							
上海	2.1	10.6	3.2	16.2	5517	27918	45.4
江苏	1.0	5.5	6.7	35.8	3826	20439	60.0
浙江	-1.3	3.1	-1.8	4.1	-2769	6359	41.5
安徽							
福建							
江西							
山东							
河南							
湖北	24.7	47.6					63.4
湖南	0.3	1.0	10.2	34.7	1456	4946	15.4
广东	0.8	3.4	9.3	37.3	2090	8398	73.6
广西	-0.2	-0.1	-64.2	-21.5	-3755	-1261	99.8
海南							
重庆							
四川							
贵州							
云南	4.5	31.8	5.7	40.2	1714	12173	25.0
西藏							
陕西	2.6	2.9	2.1	2.3	10605	11613	39.6
甘肃							
青海							
宁夏							
新疆	11.9	11.9	2.2	2.2	24857	24857	14.7

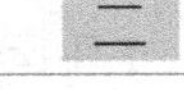

2-61 各地区股份制建筑业企业签订合同情况

单位：万元

地　区	签订合同额	上年结转合同额	本年新签合同额
全国总计	**3399568714**	**1770472734**	**1629095980**
北　京	414332379	244224737	170107642
天　津	129392876	64842468	64550408
河　北	73677088	37935391	35741697
山　西	92414329	40137055	52277274
内蒙古	5549726	3107516	2442210
辽　宁	40474198	18321680	22152518
吉　林	14012213	6624382	7387831
黑龙江	17593020	9500730	8092290
上　海	162129573	97000332	65129241
江　苏	195750785	106763662	88987123
浙　江	156993989	87558947	69435042
安　徽	119660718	53311085	66349634
福　建	61968297	34116066	27852230
江　西	68059102	29562444	38496658
山　东	188784636	87242328	101542308
河　南	161947870	84565340	77382530
湖　北	248260285	115956592	132303693
湖　南	183979399	106697340	77282060
广　东	314702102	169297804	145404299
广　西	67109910	34096542	33013368
海　南	9142406	5857792	3284614
重　庆	63492163	34724803	28767360
四　川	192829077	97352000	95477077
贵　州	71633239	39969091	31664148
云　南	92640004	48406388	44233617
西　藏	1469149	974598	494551
陕　西	175025493	73651429	101374064
甘　肃	26422418	12340429	14081989
青　海	3389128	2108810	1280318
宁　夏	3325658	1661472	1664186
新　疆	43407486	22563483	20844003

2-62 各地区股份制建筑业企业承包工程完成情况

单位：万元

地　　区	直接从建设单位承揽工程完成的产值	自行完成施工产值	分包出去工程的产值	从建设单位以外承揽工程完成的产值
全国总计	**1187255710**	**1107859518**	**79396192**	**101661706**
北　京	118731343	90724461	28006882	18856009
天　津	34558235	27839652	6718583	2287454
河　北	22909348	22386341	523007	1851438
山　西	32851122	32313831	537291	1884457
内蒙古	2703715	2699319	4396	31106
辽　宁	14866584	14762656	103928	2024986
吉　林	4546380	4488596	57784	1077401
黑龙江	6921921	6900861	21060	43280
上　海	41722195	30790821	10931374	7601920
江　苏	108005877	107114530	891347	5999292
浙　江	67534452	63595574	3938879	6476857
安　徽	37823179	37117777	705402	3341685
福　建	23399499	23284428	115070	3869618
江　西	35472017	34770058	701959	1537256
山　东	82661130	74508081	8153049	4042513
河　南	57397645	57027857	369788	1543295
湖　北	83987889	83365906	621984	6229402
湖　南	59508397	59244432	263964	2524951
广　东	96594404	83826200	12768205	8611940
广　西	31075103	30869805	205298	1965806
海　南	3067106	3056629	10477	39539
重　庆	23370178	22703269	666909	3039535
四　川	52653694	51744486	909208	5067380
贵　州	21316815	21295716	21099	169676
云　南	39140108	39002843	137265	2946818
西　藏	591024	587785	3239	2928
陕　西	55276193	54851800	424394	8110877
甘　肃	10987317	9842844	1144473	175060
青　海	923663	822090	101573	7365
宁　夏	1416766	1397901	18865	9372
新　疆	15242414	14922972	319442	292493

2-63 各地区股份制企业建筑业总产值和竣工产值

单位：万元

地区	建筑业总产值	#装饰装修产值	#在外省完成的产值	按构成分组			竣工产值
				建筑工程产值	安装工程产值	其他产值	
全国总计	**1209521225**	**39376000**	**522202628**	**1080143401**	**96416884**	**32960939**	**491553707**
北京	109580470	7405821	86153174	103094647	5571802	914021	54067784
天津	30127106	282626	21403159	26632391	2038597	1456118	12090434
河北	24237779	516797	11870363	17984189	4463948	1789642	8069461
山西	34198288	655390	17080198	30433917	3274391	489980	8534510
内蒙古	2730425	70273	677596	2304239	320829	105357	1112864
辽宁	16787641	204759	8574855	13984200	2125750	677691	4520583
吉林	5565997	61163	1573278	4604988	550995	410014	1620531
黑龙江	6944141	48966	1227369	5794623	621256	528262	2471957
上海	38392741	3022526	24234767	33492588	3614381	1285771	18349703
江苏	113113822	3667340	63253800	104564466	8131657	417700	68853071
浙江	70072431	5127309	23141606	59615998	9420036	1036397	40609648
安徽	40459462	541011	13688713	35624285	2420915	2414262	14679344
福建	27154046	353418	9152960	24741732	1827277	585038	9133568
江西	36307314	574370	12403139	31321638	3071833	1913843	13481095
山东	78550594	3971058	20097440	67310091	8320555	2919949	31223226
河南	58571151	473491	22488928	53022796	4421726	1126630	20286052
湖北	89595307	1517738	43121838	79945177	7848185	1801946	27493851
湖南	61769384	1270687	31572811	55686184	3495942	2587258	28712471
广东	92438139	4312943	25772948	84156770	6223643	2057727	27790541
广西	32835610	208334	7949668	30048304	1618176	1169131	17784300
海南	3096168	50035	178465	2509787	299341	287039	1514294
重庆	25742804	501969	10134576	23244958	1687856	809990	10529055
四川	56811866	1147118	17065805	50298956	4420813	2092097	24856404
贵州	21465393	610482	10412562	18682196	2037513	745684	6095476
云南	41949661	334978	4705208	39165591	1929132	854939	10984671
西藏	590713	2949	49062	509198	71440	10074	265997
陕西	62962677	2234852	28373877	56759582	4561512	1641583	17558685
甘肃	10017905	123537	1341909	8807226	743079	467600	3577872
青海	829455	25964	143637	629751	113539	86165	140885
宁夏	1407273	727	406033	1055426	314267	37579	661206
新疆	15215465	57369	3952886	14117509	856501	241455	4484172

2-64 各地区股份制建筑业企业房屋建筑面积

地区	房屋施工面积(万平方米)	#本年新开工	房屋竣工面积(万平方米)	房屋竣工率(%)
全国总计	**652053**	**153373**	**138635**	**21.3**
北京	78525	14685	11722	14.9
天津	14858	2783	1752	11.8
河北	11632	2528	1498	12.9
山西	13384	3513	3320	24.8
内蒙古	837	220	326	39.0
辽宁	5090	1218	909	17.9
吉林	1462	350	318	21.8
黑龙江	2734	909	618	22.6
上海	26741	5461	4313	16.1
江苏	81777	16194	17957	22.0
浙江	52835	12601	14215	26.9
安徽	17838	4505	3757	21.1
福建	16857	4602	2759	16.4
江西	13479	4618	4178	31.0
山东	45767	13253	9838	21.5
河南	33555	5444	5501	16.4
湖北	40304	11267	14427	35.8
湖南	40122	10211	9565	23.8
广东	36169	11231	8501	23.5
广西	14949	2586	3808	25.5
海南	1264	200	287	22.7
重庆	11175	3241	2917	26.1
四川	26693	6976	5696	21.3
贵州	10039	1916	1624	16.2
云南	9838	2408	2488	25.3
西藏	57	14	34	59.9
陕西	30594	6361	4421	14.4
甘肃	5828	1466	932	16.0
青海	54	46	15	28.7
宁夏	203	82	54	26.7
新疆	7393	2482	882	11.9

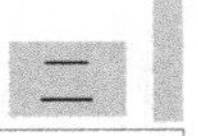

2-65 各地区按主要用途分的股份制建筑业企业房屋竣工面积

单位：万平方米

地　区	总计	住宅房屋	商业及服务用房屋	办公用房　屋	科研、教育和医疗用房屋
全国总计	**138635**	**94084**	**8861**	**5035**	**9546**
北　京	11722	7862	1346	539	625
天　津	1752	1155	161	43	140
河　北	1498	1067	70	41	104
山　西	3320	1962	207	73	670
内蒙古	326	304		1	7
辽　宁	909	653	44	22	38
吉　林	318	198	9	11	7
黑龙江	618	450	31	16	29
上　海	4313	2675	253	157	409
江　苏	17957	12636	619	736	791
浙　江	14215	10144	911	610	606
安　徽	3757	2723	157	70	180
福　建	2759	1984	226	47	130
江　西	4178	2270	364	230	257
山　东	9838	6305	756	384	1002
河　南	5501	3750	428	225	462
湖　北	14427	11970	482	275	598
湖　南	9565	5728	593	489	638
广　东	8501	5234	559	203	785
广　西	3808	2111	297	136	448
海　南	287	231	4	6	18
重　庆	2917	2030	142	101	223
四　川	5696	3873	302	189	473
贵　州	1624	951	253	71	103
云　南	2488	1554	216	118	220
西　藏	34	22	2	2	
陕　西	4421	3009	250	212	389
甘　肃	932	655	121	10	89
青　海	15	3	3	2	3
宁　夏	54	35	2		1
新　疆	882	542	52	16	102

2-65 续表 单位：万平方米

地区	文化、体育和娱乐用房屋	厂房及建筑物	仓库	其他未列明的房屋建筑物
全国总计	**1702**	**13982**	**830**	**4594**
北京	80	806	79	383
天津	2	170	19	61
河北	7	171	6	32
山西	26	227	10	145
内蒙古		9		4
辽宁	1	139	2	10
吉林		88		4
黑龙江		42	1	50
上海	60	641	23	95
江苏	395	2345	164	270
浙江	193	1341	54	356
安徽	45	467	4	110
福建	17	334	2	21
江西	78	818	30	130
山东	90	827	55	420
河南	62	379	65	130
湖北	93	769	38	203
湖南	41	875	89	1113
广东	116	1375	44	186
广西	33	533	61	189
海南	8	7		14
重庆	20	318	18	66
四川	145	464	16	235
贵州	6	153	26	62
云南	47	166	6	162
西藏	1	4		3
陕西	107	369	5	81
甘肃	3	39		14
青海		3		1
宁夏	4	5		7
新疆	23	97	13	38

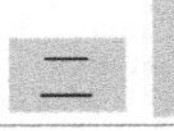

2–66　各地区按主要用途分的股份制建筑业企业房屋竣工价值

单位：万元

地　区	总计	住宅房屋	商业及服务用房屋	办公用房屋	科研、教育和医疗用房屋
全国总计	**305437558**	**183978467**	**22157038**	**14625283**	**27797077**
北　京	34909462	20987268	4356259	1780034	2762319
天　津	4326611	2660227	312049	110982	565921
河　北	2726561	1921880	138254	92611	194179
山　西	5692238	2606011	527624	156309	963821
内蒙古	671607	613512	450	3034	14053
辽　宁	1686766	1132762	181979	43830	67041
吉　林	590878	383268	20476	22055	14178
黑龙江	875430	510041	21595	76738	131886
上　海	12202922	6704096	783630	472168	1586322
江　苏	47449913	32076742	1781527	2334594	2633563
浙　江	28747049	18640328	2029019	1488769	2158149
安　徽	7459300	4977647	300645	153952	469300
福　建	6967244	5189884	614221	154932	455229
江　西	8147430	4028721	621049	496036	628217
山　东	21747367	12369274	1693055	975127	3119218
河　南	10727017	6720206	937524	534160	1204977
湖　北	19790794	13954087	970990	655379	1205306
湖　南	18896094	10330951	1516850	1838076	1643512
广　东	19115739	8173635	1003523	621208	1770629
广　西	9085371	4408396	601606	439107	1126299
海　南	856166	653376	10941	20881	83762
重　庆	6662078	3901415	445156	451497	722454
四　川	11804529	7414552	883648	581528	1081917
贵　州	3716179	2044408	543778	204359	245866
云　南	5521782	3072700	612171	265695	762985
西　藏	85211	57896	4859	4982	363
陕　西	10609426	5796192	651011	582636	1718659
甘　肃	2189144	1525019	380705	23434	172855
青　海	44307	8389	12691	4533	6654
宁　夏	133373	72222	5407		2564
新　疆	1999571	1043362	194297	36639	284881

2-66 续表 单位：万元

地　区	文化、体育和娱乐用房屋	厂房及建筑物	仓　库	其他未列明的房屋建筑物
全国总计	**11076634**	**30518354**	**2751009**	**12533697**
北　京	566909	2555397	203089	1698186
天　津	12184	382638	71749	210861
河　北	13064	292261	10963	63349
山　西	155614	735622	420515	126723
内蒙古		34555	22	5981
辽　宁	2465	228808	7012	22870
吉　林		143507	708	6687
黑龙江	7902	76808	281	50180
上　海	307684	1713293	83952	551726
江　苏	1404871	5875783	444478	898356
浙　江	927287	2529535	140489	833474
安　徽	173694	787475	4776	591811
福　建	101118	421032	3603	27226
江　西	217289	1761326	123452	271340
山　东	428205	1794032	140074	1228382
河　南	93659	722971	204311	309209
湖　北	347353	1800241	81195	776243
湖　南	160166	1710906	303555	1392079
广　东	4839231	1998570	118227	590716
广　西	135972	1127953	136120	1109917
海　南	10358	12147	4	64698
重　庆	80635	642704	54801	363417
四　川	410480	930458	19549	482399
贵　州	33660	380032	73890	190186
云　南	125303	449416	9881	223632
西　藏	1635	6424	1427	7625
陕　西	453940	1093921	8304	304763
甘　肃	11032	51108	47	24944
青　海	624	8788	14	2614
宁　夏	19508	7748	510	25415
新　疆	34792	242897	84013	78690

2-67 各地区股份制建筑业企业主要生产效益指标

地 区	建筑业企业个数(个)	从事建筑业活动的平均人数(人)	按总产值计算的劳动生产率(元/人)	人均竣工产值(元/人)	人均施工面积(平方米/人)	人均竣工面积(平方米/人)
全国总计	**18395**	**19319302**	**626069**	**254437**	**337.5**	**71.8**
北 京	734	1638693	668707	329945	479.2	71.5
天 津	552	410120	734592	294802	362.3	42.7
河 北	414	276512	876554	291830	420.7	54.2
山 西	366	658329	519471	129639	203.3	50.4
内蒙古	150	48538	562533	229277	172.3	67.2
辽 宁	698	217670	771243	207681	233.8	41.8
吉 林	213	65147	854375	248750	224.4	48.8
黑龙江	496	173140	401071	142772	157.9	35.7
上 海	425	469172	818308	391108	570.0	91.9
江 苏	773	1998609	565963	344505	409.2	89.8
浙 江	645	1472532	475864	275781	358.8	96.5
安 徽	657	519774	778405	282418	343.2	72.3
福 建	246	683948	397019	133542	246.5	40.3
江 西	985	567320	639979	237628	237.6	73.6
山 东	1832	1321632	594345	236248	346.3	74.4
河 南	1188	986317	593837	205675	340.2	55.8
湖 北	1006	860054	1041740	319676	468.6	167.7
湖 南	626	1053944	586078	272429	380.7	90.8
广 东	1528	1339016	690344	207545	270.1	63.5
广 西	330	535345	613354	332203	279.2	71.1
海 南	156	57314	540211	264210	220.5	50.1
重 庆	382	430178	598422	244760	259.8	67.8
四 川	1111	912084	622880	272523	292.7	62.4
贵 州	337	432064	496810	141078	232.3	37.6
云 南	721	774081	541929	141906	127.1	32.1
西 藏	96	10798	547058	246339	52.4	31.4
陕 西	704	890532	707023	197171	343.5	49.6
甘 肃	522	171957	582582	208068	338.9	54.2
青 海	67	17576	471925	80157	30.7	8.8
宁 夏	59	20286	693716	325942	100.1	26.7
新 疆	376	306620	496232	146245	241.1	28.8

2-68 各地区股份制建筑业企业资产构成

单位：万元

地　　区	资产总计	#流动资产合计	#存货
全国总计	**1669699894**	**1247793407**	**113010590**
北　　京	318254436	173380123	5653849
天　　津	59844911	47476116	3248810
河　　北	32648616	28064876	4907148
山　　西	60581665	45172776	3295437
内 蒙 古	7775619	6104997	649804
辽　　宁	26465818	22769087	1795199
吉　　林	9407600	7995787	484323
黑 龙 江	12989838	11231683	975764
上　　海	62865752	51600780	3797726
江　　苏	83366737	71330952	10854936
浙　　江	73098954	61194987	11970226
安　　徽	52418679	39538940	2343149
福　　建	22413126	17849969	3119457
江　　西	34804414	29573940	3261338
山　　东	101968856	85562274	11437815
河　　南	59116957	47205045	5508354
湖　　北	79192438	62741955	5349479
湖　　南	51899810	37616326	2861006
广　　东	118004113	88202485	5206467
广　　西	29967106	24502693	2222945
海　　南	5337780	4625059	830923
重　　庆	31378197	23877101	3484813
四　　川	87819419	68118303	5639298
贵　　州	44053306	39273921	4126848
云　　南	61614875	37538172	1633553
西　　藏	2472457	1765085	108338
陕　　西	86841010	71745075	3861043
甘　　肃	20168468	15988221	1563773
青　　海	2378811	1997120	107882
宁　　夏	2501209	2198407	231428
新　　疆	28048916	21551151	2479460

2-69 各地区股份制建筑业企业固定资产情况

单位：万元

地　区	固定资产原价	累计折旧	#本年折旧	在建工程
全国总计	**90080734**	**46934164**	**5824531**	**14546780**
北　京	8515069	4780761	675925	681873
天　津	5127309	3182467	272929	217161
河　北	3512799	2206398	145553	298375
山　西	4100435	2219958	411575	840171
内 蒙 古	596696	304317	33214	49737
辽　宁	2335609	1486951	118920	104840
吉　林	634898	319168	37058	218166
黑 龙 江	871863	470837	37295	25923
上　海	3267514	1874029	184650	109336
江　苏	5735260	2875743	455607	834911
浙　江	4724867	1997684	275183	496401
安　徽	2508876	1185903	146418	272031
福　建	1053412	469557	98984	145704
江　西	1552408	720000	105864	543995
山　东	6671903	3330871	473146	986874
河　南	5010371	2502111	283210	501703
湖　北	4994256	2623365	322728	2953273
湖　南	4528483	2621791	230022	828394
广　东	5428876	2853318	416024	840879
广　西	1036542	560435	74850	125754
海　南	143179	70138	12337	73955
重　庆	1875135	873578	108414	384837
四　川	4702048	2254494	245704	1414307
贵　州	713244	359717	37829	285195
云　南	2091595	1045689	133857	255661
西　藏	108562	36946	6290	21161
陕　西	3847883	1961325	271196	459596
甘　肃	2161214	664034	103351	219447
青　海	235114	117853	7830	11843
宁　夏	180453	83735	11082	8818
新　疆	1814862	880995	87478	336459

2-70 各地区股份制建筑业企业负债及所有者权益

单位：万元

地区	负债合计	#流动负债	#应付账款	所有者权益	#实收资本
全国总计	**1250260273**	**1143706183**	**494028213**	**419459255**	**179987082**
北京	207356453	185174950	67103882	110897984	31896126
天津	48140213	45394667	17754259	11704698	6115235
河北	25912918	24191624	10565187	6735698	3757207
山西	47394384	43470276	17689639	13187281	5894943
内蒙古	5552978	5311154	1741642	2222641	1354105
辽宁	21538925	19930985	7202341	4933492	3204864
吉林	7262667	6524408	2348052	2144933	1372272
黑龙江	10282409	9713952	3511823	2707429	1946220
上海	51956904	50129029	25463873	10908848	5868609
江苏	56829596	52853062	19834797	26537140	8668956
浙江	54500073	52356519	23701327	18598881	7125176
安徽	40980830	35315243	14447138	11438353	4795313
福建	16163167	14312999	6648598	6249959	2824575
江西	27177160	24373647	9171554	7627254	4191679
山东	79895560	75255768	34188485	22073295	10121448
河南	45024861	41586512	15261146	14092097	7552712
湖北	60204498	53247511	29721149	18987941	8444924
湖南	38626759	34205480	15796596	13273051	6272250
广东	90565893	81725385	35278567	27439920	11507141
广西	24370776	22137641	12088804	5596330	2531884
海南	4260972	3736584	1574342	1076808	646900
重庆	23723448	21202529	9249933	7665463	3156779
四川	70944947	62712958	28353399	16874521	9362736
贵州	35930857	34063282	15730001	8122450	2772363
云南	41701651	38476630	16048125	19913292	15165832
西藏	1607077	1239812	356179	865380	530265
陕西	71248322	67561251	37887331	15592688	7449316
甘肃	15677444	14558910	6302569	4491024	2003740
青海	1614349	1570340	598926	764463	521797
宁夏	2007201	1968967	769474	494007	315533
新疆	21806981	19404111	7639079	6241934	2616184

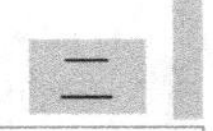

2–71 各地区股份制建筑业企业收入情况

单位：万元

地区	主营业务收入	主营业务成本	主营业务税金及附加	其他业务收入	其他业务利润
全国总计	**1124922626**	**1038333053**	**3713490**	**17923717**	**1185531**
北京	145251139	133991967	333678	1971605	194069
天津	32679430	30017698	69656	513885	59614
河北	22414738	20662126	76185	482399	23577
山西	39674251	36841923	81045	359851	63810
内蒙古	2885065	2572673	15061	133644	18343
辽宁	13543011	12559236	35142	471844	18381
吉林	4991800	4556211	15768	155826	3141
黑龙江	7171173	6624176	31738	220881	11735
上海	47649159	44334048	94783	144988	49370
江苏	96987629	90476637	327701	852578	110947
浙江	64448689	59621278	199411	744132	73582
安徽	35632561	32694157	97952	828957	37670
福建	20208668	18561388	95019	438348	26794
江西	25701929	23797548	145128	952871	15088
山东	73683528	67513393	317126	1393367	115994
河南	43155614	39910017	165926	529918	75723
湖北	77047397	71220859	285572	1530999	12776
湖南	52239774	47687687	328559	571664	15896
广东	87466311	80995468	229554	1603946	95319
广西	23114072	20736696	65582	972306	19117
海南	3062005	2848353	9149	157606	4535
重庆	20681495	19044336	89555	191529	17968
四川	55509925	51273293	178953	827185	44039
贵州	17642456	16743855	37606	426355	5914
云南	24565503	22211053	112051	586800	23705
西藏	662114	590098	2216	26318	108
陕西	57510085	53131730	164452	402032	32652
甘肃	11607252	10812634	47538	215124	8149
青海	906732	814705	3873	71497	168
宁夏	1451800	1304795	5524	18834	-1382
新疆	15377323	14183016	51970	126428	8732

2-72 各地区股份制建筑业企业费用情况

单位：万元

地区	管理费用	销售费用	研发费用	财务费用	#利息收入	#利息支出
全国总计	**27853357**	**1983789**	**20347324**	**6550625**	**4039059**	**8413017**
北京	3414805	381387	3780207	921013	1328529	2098095
天津	836048	71306	845246	238515	243993	326539
河北	799585	56204	375058	136951	28064	138785
山西	858956	17619	1075325	210395	178676	346737
内蒙古	191624	4904	39690	37439	2152	32274
辽宁	516164	24793	176465	140721	14741	122114
吉林	168797	3202	73971	43033	11093	23109
黑龙江	244302	17782	89439	49001	32716	56388
上海	986324	111276	1342191	115514	147355	169799
江苏	1902009	140061	721135	437146	135970	353986
浙江	1620668	121881	650946	178105	93743	261822
安徽	907262	60683	727050	258144	110050	249025
福建	473904	25860	364925	84838	37010	69540
江西	718347	40758	246416	162018	36053	109019
山东	2203186	115421	1253770	532514	171184	523829
河南	1180582	72067	855473	331279	53693	313277
湖北	1764141	196415	1423508	189061	112358	267717
湖南	1300991	75469	1290648	223527	138420	297208
广东	1995326	105310	1633849	469421	312215	619727
广西	627090	21895	378113	135918	32447	117354
海南	96195	3824	22645	12562	1285	9207
重庆	508518	36987	245153	233757	49784	134003
四川	1370945	107044	1066129	380413	194255	507764
贵州	381343	7262	167232	134534	15691	129668
云南	690485	38113	186700	445949	181146	529547
西藏	43779	1123	3296	9894	8063	4749
陕西	1131490	88875	1012648	169997	236563	339389
甘肃	388865	20046	90709	73471	89852	113931
青海	46939	143	8156	11779	-318	10103
宁夏	62212	2789	21170	6691	871	4926
新疆	422479	13294	180062	177027	41406	133385

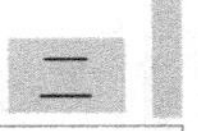

2–73 各地区股份制建筑业企业利润及税金情况

单位：万元

地　区	利润总额	#所得税费用	税金总额	主营业务税金及附加	应交增值税
全国总计	**36992417**	**5457081**	**22773921**	**3713490**	**19060432**
北　京	9372399	596159	2051777	333678	1718099
天　津	662357	92027	450753	69656	381098
河　北	535879	109610	466658	76185	390473
山　西	910324	74455	697650	81045	616605
内蒙古	107645	27816	107471	15061	92410
辽　宁	29605	22937	315932	35142	280790
吉　林	110939	23629	162254	15768	146486
黑龙江	155197	33359	264310	31738	232572
上　海	783228	90029	649732	94783	554949
江　苏	3318361	790173	2319205	327701	1991504
浙　江	1736813	387351	1285208	199411	1085798
安　徽	1182594	177659	647306	97952	549354
福　建	593504	116466	418248	95019	323229
江　西	803871	176097	793751	145128	648623
山　东	2680201	416575	1713933	317126	1396857
河　南	961825	163501	912626	165926	746701
湖　北	2532559	378983	1866616	285572	1581044
湖　南	1402194	225736	1263650	328569	935091
广　东	2244921	396638	1643082	229564	1413519
广　西	810531	107300	503773	65582	438191
海　南	100531	22903	116735	9149	107586
重　庆	602236	89095	545449	89555	455894
四　川	1320473	252831	1024797	178953	845844
贵　州	197382	27514	301903	37606	264296
云　南	1227665	255741	584384	112051	472333
西　藏	31812	3367	26325	2216	24110
陕　西	1811391	240956	913251	164452	748800
甘　肃	292925	62027	340428	47538	292889
青　海	30375	8271	30253	3873	26380
宁　夏	46944	7926	40512	5524	34988
新　疆	395739	79952	315891	51970	263922

2-74 各地区股份制建筑业企业应收工程款及企业亏损情况

地　　区	应收工程款 (万元)	企业个数 (个)	#亏损企业个数	亏损企业的比重 (%)
全国总计	**294192463**	**18395**	**4097**	**22.3**
北　　京	35144650	734	177	24.1
天　　津	9864099	552	173	31.3
河　　北	5639031	414	104	25.1
山　　西	11567667	366	74	20.2
内 蒙 古	1592983	150	52	34.7
辽　　宁	5128629	698	235	33.7
吉　　林	1907534	213	56	26.3
黑 龙 江	2822549	496	137	27.6
上　　海	11425853	425	91	21.4
江　　苏	14159077	773	101	13.1
浙　　江	12387800	645	125	19.4
安　　徽	11066933	657	137	20.9
福　　建	2974965	246	39	15.9
江　　西	6859067	985	115	11.7
山　　东	21679880	1832	489	26.7
河　　南	11270155	1188	265	22.3
湖　　北	18669570	1006	168	16.7
湖　　南	8839058	626	97	15.5
广　　东	20806871	1528	332	21.7
广　　西	5679048	330	101	30.6
海　　南	862299	156	38	24.4
重　　庆	5564940	382	81	21.2
四　　川	11405815	1111	181	16.3
贵　　州	7986440	337	107	31.8
云　　南	13509699	721	212	29.4
西　　藏	285223	96	21	21.9
陕　　西	24939867	704	112	15.9
甘　　肃	3946982	522	139	26.6
青　　海	335812	67	18	26.9
宁　　夏	527202	59	13	22.0
新　　疆	5342764	376	107	28.5

2–75 各地区股份制建筑业企业主要经济效益指标

地　区	产值利润率(%)	产值利税率(%)	资本利润率(%)	资本利税率(%)	人均利润(元/人)	人均利税(元/人)	资产负债率(%)
全国总计	**3.1**	**4.9**	**20.6**	**33.2**	**19148**	**30936**	**74.9**
北　京	8.6	10.4	29.4	35.8	57194	69715	65.2
天　津	2.2	3.7	10.8	18.2	16150	27141	80.4
河　北	2.2	4.1	14.3	26.7	19380	36257	79.4
山　西	2.7	4.7	15.4	27.3	13828	24425	78.2
内蒙古	3.9	7.9	7.9	15.9	22177	44319	71.4
辽　宁	0.2	2.1	0.9	10.8	1360	15874	81.4
吉　林	2.0	4.9	8.1	19.9	17029	41935	77.2
黑龙江	2.2	6.0	8.0	21.6	8964	24229	79.2
上　海	2.0	3.7	13.3	24.4	16694	30542	82.6
江　苏	2.9	5.0	38.3	65.0	16603	28207	68.2
浙　江	2.5	4.3	24.4	42.4	11795	20523	74.6
安　徽	2.9	4.5	24.7	38.2	22752	35206	78.2
福　建	2.2	3.7	21.0	35.8	8678	14793	72.1
江　西	2.2	4.4	19.2	38.1	14170	28161	78.1
山　东	3.4	5.6	26.5	43.4	20279	33248	78.4
河　南	1.6	3.2	12.7	24.8	9752	19005	76.2
湖　北	2.8	4.9	30.0	52.1	29447	51150	76.0
湖　南	2.3	4.3	22.4	42.5	13304	25294	74.4
广　东	2.4	4.2	19.5	33.8	16765	29036	76.7
广　西	2.5	4.0	32.0	51.9	15140	24551	81.3
海　南	3.2	7.0	15.5	33.6	17540	37908	79.8
重　庆	2.3	4.5	19.1	36.4	14000	26679	75.6
四　川	2.3	4.1	14.1	25.0	14478	25713	80.8
贵　州	0.9	2.3	7.1	18.0	4568	11556	81.6
云　南	2.9	4.3	8.1	11.9	15860	23409	67.7
西　藏	5.4	9.8	6.0	11.0	29461	53840	65.0
陕　西	2.9	4.3	24.3	36.6	20341	30596	82.0
甘　肃	2.9	6.3	14.6	31.6	17035	36832	77.7
青　海	3.7	7.3	5.8	11.6	17282	34494	67.9
宁　夏	3.3	6.2	14.9	27.7	23141	43111	80.2
新　疆	2.6	4.7	15.1	27.2	12906	23209	77.7

2-76 各地区外商投资建筑业企业签订合同情况

单位：万元

地　区	签订合同额	上年结转合同额	本年新签合同额
全国总计	**20006143**	**10468026**	**9538117**
北　京	2091176	1091144	1000032
天　津	104699	47549	57150
河　北	236252	226984	9269
山　西	4772	533	4238
内蒙古			
辽　宁	36677	17682	18995
吉　林			
黑龙江	17749	9324	8426
上　海	3365595	1289594	2076001
江　苏	4257123	2121131	2135993
浙　江	895953	594787	301166
安　徽	329090	266285	62805
福　建	1255056	582625	672430
江　西			
山　东	338965	132172	206793
河　南	141526	40117	101408
湖　北	662208	278770	383437
湖　南	204458	28037	176421
广　东	5527651	3597342	1930309
广　西			
海　南			
重　庆	223514	65966	157547
四　川	31766	15629	16137
贵　州	4176		4176
云　南			
西　藏			
陕　西	163289	62355	100935
甘　肃	96		96
青　海			
宁　夏	114354		114354
新　疆			

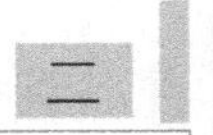

2-77 各地区外商投资建筑业企业承包工程完成情况

单位：万元

地区	直接从建设单位承揽工程完成的产值	自行完成施工产值	分包出去工程的产值	从建设单位以外承揽工程完成的产值
全国总计	**9683107**	**8272690**	**1410417**	**581906**
北京	677099	343815	333283	81279
天津	73588	72814	774	1906
河北	63864	63864		
山西	1680	1680		
内蒙古				
辽宁	25914	20096	5817	8515
吉林				
黑龙江	9065	9065		246
上海	1702851	805623	897227	135590
江苏	2584926	2538185	46741	148932
浙江	576730	576730		7742
安徽	22743	22743		61155
福建	703216	702321	895	
江西				
山东	251989	251989		
河南	112417	112417		31331
湖北	474866	474866		530
湖南	204458	204458		
广东	1844665	1820831	23834	25459
广西				
海南				
重庆	129415	129415		79183
四川	18056	17054	1002	
贵州	4176	4176		
云南				
西藏				
陕西	86943	77583	9360	41
甘肃	96	96		
青海				
宁夏	114354	22871	91484	
新疆				

2-78 各地区外商投资企业建筑业总产值和竣工产值

单位：万元

地　区	建筑业总产值			按构成分组			竣工产值
		#装饰装修产值	#在外省完成的产值	建筑工程产值	安装工程产值	其他产值	
全国总计	**8854596**	**2486759**	**4492291**	**7271908**	**1438839**	**143849**	**6330054**
北　京	425094	28511	203537	375602	45752	3740	222131
天　津	74720		35146	1876	72844		5720
河　北	63864		32010	63680	183		232890
山　西	1680				1669	10	1680
内蒙古							
辽　宁	28611	1769	9025	6549	21888	175	21343
吉　林							
黑龙江	9311		1000	6857	2454		
上　海	941213	97147	685152	518674	322127	100412	731235
江　苏	2687117	1821861	1695420	2052637	634328	151	2381065
浙　江	584472	93179	84074	580242	4230		149159
安　徽	83898	732		69892	3827	10179	12565
福　建	702321	78300	233499	699158	2574	589	301223
江　西							
山　东	251989	196658	21232	224073	27897	19	78063
河　南	143747	1077	46493	58119	81897	3731	103015
湖　北	475396	7513	92837	475396			140157
湖　南	204458		156406	189364		15094	204458
广　东	1846289	156210	1139885	1770505	73534	2250	1696579
广　西							
海　南							
重　庆	208598		20229	95989	112609		
四　川	17054	270	5778	270	16784		7859
贵　州	4176			3132	1044		
云　南							
西　藏							
陕　西	77624	3436	7700	56928	13196	7500	40817
甘　肃	96	96		96			96
青　海							
宁　夏	22871		22871	22871			
新　疆							

2-79 各地区外商投资建筑业企业房屋建筑面积

地区	房屋施工面积(万平方米)	#本年新开工	房屋竣工面积(万平方米)	房屋竣工率(%)
全国总计	**6536**	**1452**	**1623**	**24.8**
北京	276	58	35	12.8
天津				
河北	59		59	100.0
山西				
内蒙古				
辽宁				
吉林				
黑龙江				
上海	125	51	83	66.6
江苏	205	22	22	10.9
浙江	214	71	28	13.0
安徽	84		4	4.9
福建	409	265	102	25.0
江西				
山东	46	35	21	44.6
河南	1			
湖北	211	65	64	30.2
湖南				
广东	4862	884	1205	24.8
广西				
海南				
重庆				
四川				
贵州				
云南				
西藏				
陕西	44	1		
甘肃				
青海				
宁夏				
新疆				

2-80 各地区按主要用途分的外商投资建筑业企业房屋竣工面积

单位：万平方米

地　区	总计	住宅房屋	商业及服务用房屋	办公用房　屋	科研、教育和医疗用房屋
全国总计	**1623**	**1433**	**22**		
北　京	35	34			
天　津					
河　北	59				
山　西					
内蒙古					
辽　宁					
吉　林					
黑龙江					
上　海	83				
江　苏	22	13			
浙　江	28	28			
安　徽	4	4			
福　建	102	73	15		
江　西					
山　东	21	21			
河　南					
湖　北	64	64			
湖　南					
广　东	1205	1197	7		
广　西					
海　南					
重　庆					
四　川					
贵　州					
云　南					
西　藏					
陕　西					
甘　肃					
青　海					
宁　夏					
新　疆					

2-80 续表 单位：万平方米

地区	文化、体育和娱乐用房屋	厂房及建筑物	仓库	其他未列明的房屋建筑物
全国总计		**154**		**13**
北京		1		
天津				
河北		59		
山西				
内蒙古				
辽宁				
吉林				
黑龙江				
上海		83		
江苏		10		
浙江				
安徽				
福建		1		13
江西				
山东				
河南				
湖北				
湖南				
广东				
广西				
海南				
重庆				
四川				
贵州				
云南				
西藏				
陕西				
甘肃				
青海				
宁夏				
新疆				

2-81 各地区按主要用途分的外商投资建筑业企业房屋竣工价值

单位：万元

地　区	总计	住宅房屋	商业及服务用房屋	办公用房屋	科研、教育和医疗用房屋
全国总计	**2874261**	**2086705**	**70480**		
北　京	82699	78955			
天　津					
河　北	232890				
山　西					
内蒙古					
辽　宁					
吉　林					
黑龙江					
上　海	437449				
江　苏	50428	35854			
浙　江	58122	58122			
安　徽	8870	8870			
福　建	261600	176227	56954		
江　西					
山　东	50573	50573			
河　南					
湖　北	137912	137912			
湖　南					
广　东	1553718	1540192	13526		
广　西					
海　南					
重　庆					
四　川					
贵　州					
云　南					
西　藏					
陕　西					
甘　肃					
青　海					
宁　夏					
新　疆					

2-81 续表　　　　单位：万元

地　区	文化、体育和娱乐用房屋	厂房及建筑物	仓　库	其他未列明的房屋建筑物
全国总计				
北　京				
天　津				
河　北				
山　西				
内蒙古				
辽　宁				
吉　林				
黑龙江				
上　海				
江　苏				
浙　江				
安　徽				
福　建				
江　西				
山　东				
河　南				
湖　北				
湖　南				
广　东				
广　西				
海　南				
重　庆				
四　川				
贵　州				
云　南				
西　藏				
陕　西				
甘　肃				
青　海				
宁　夏				
新　疆				

2-82 各地区外商投资建筑业企业主要生产效益指标

地　区	建筑业企业个数（个）	从事建筑业活动的平均人数（人）	按总产值计算的劳动生产率（元/人）	人均竣工产值（元/人）	人均施工面积（平方米/人）	人均竣工面积（平方米/人）
全国总计	**201**	**147299**	**601131**	**429742**	**443.7**	**110.2**
北　京	23	8725	487214	254592	316.3	40.4
天　津	6	564	1324826	101422		
河　北	1	1293	493920	1801159	456.1	456.1
山　西	1	35	479857	479857		
内蒙古						
辽　宁	17	1349	212093	158211		
吉　林						
黑龙江	3	841	110712			
上　海	38	17752	530201	411917	70.4	46.9
江　苏	34	60133	446862	395966	34.1	3.7
浙　江	5	14545	401837	102550	146.8	19.0
安　徽	3	1190	705022	105584	708.3	34.4
福　建	12	12895	544646	233596	317.4	79.4
江　西						
山　东	10	5217	483014	149632	88.2	39.3
河　南	8	1970	729682	522919	3.3	
湖　北	4	2487	1911522	563559	848.5	256.2
湖　南	1	4634	441214	441214		
广　东	19	10497	1758873			
广　西						
海　南						
重　庆	2	628	3321624			
四　川	4	355	480392	221380		
贵　州	1	24	1739833			
云　南						
西　藏						
陕　西	7	1733	447915	235529	252.5	
甘　肃	1	4	239750	239750		
青　海						
宁　夏	1	428	534367			
新　疆						

2–83 各地区外商投资建筑业企业资产构成

单位：万元

地　　区	资产总计	#流动资产合计	#存货
全国总计	**22116981**	**19918960**	**2707389**
北　　京	1312871	1179629	222899
天　　津	118377	102447	19607
河　　北	48657	45901	
山　　西	4588	4554	1037
内 蒙 古			
辽　　宁	98157	49112	2771
吉　　林			
黑 龙 江	25783	23220	6217
上　　海	1592537	1488887	72146
江　　苏	4134974	3190054	153007
浙　　江	503395	493875	55757
安　　徽	183092	121824	792
福　　建	522278	505968	33928
江　　西			
山　　东	1024926	838136	20592
河　　南	429807	370962	40961
湖　　北	250198	232149	60506
湖　　南	342929	32537	3669
广　　东	10890675	10672770	1965531
广　　西			
海　　南			
重　　庆	194001	145758	40946
四　　川	53692	46145	2343
贵　　州	9460	9393	1244
云　　南			
西　　藏			
陕　　西	186371	185649	1400
甘　　肃	2657	1349	21
青　　海			
宁　　夏	187556	178642	2017
新　　疆			

2-84 各地区外商投资建筑业企业固定资产情况

单位：万元

地区	固定资产原价	累计折旧	#本年折旧	在建工程
全国总计	**990362**	**435173**	**38948**	**115678**
北京	86901	55295	5509	2772
天津	19830	14977	1170	1839
河北	2923	896	568	
山西	159	125	9	
内蒙古				
辽宁	50518	18256	1293	4067
吉林				
黑龙江	4092	1694	63	
上海	41746	26108	1514	39052
江苏	429874	165531	16450	13851
浙江	3938	2626	147	43
安徽	43956	8928	1342	1648
福建	2950	1761	205	
江西				
山东	107986	48458	3517	5465
河南	61378	14275	1960	11957
湖北	18348	9044	276	74
湖南	467			
广东	42732	20074	2523	2633
广西				
海南				
重庆	24549	10425	874	
四川	7330	3924	516	
贵州	43	24		32277
云南				
西藏				
陕西	2870	2548	1012	
甘肃	69	64		
青海				
宁夏	37705	30141		
新疆				

2–85 各地区外商投资建筑业企业负债及所有者权益

单位：万元

地　　区	负债合计	#流动负债	#应付账款	所有者权益	#实收资本
全国总计	**16208212**	**15155008**	**4710982**	**5908770**	**1728569**
北　京	1103652	1079944	592851	209219	167206
天　津	63013	62241	38754	55364	24544
河　北	41912	41912	10470	6745	5000
山　西	2283	2281	2175	2305	1000
内蒙古					
辽　宁	74027	70324	13682	24130	31373
吉　林					
黑龙江	21677	21677	7129	4106	4245
上　海	1159663	1047534	259224	432873	176372
江　苏	2336629	2225571	1297919	1798345	428809
浙　江	457462	457462	161632	45933	21811
安　徽	128164	46722	28185	54928	35123
福　建	272757	271989	94852	249521	59673
江　西					
山　东	665987	636691	385384	358939	22847
河　南	313187	251121	122401	116620	48237
湖　北	129329	126588	65068	120870	60820
湖　南	147665	147665	58051	195264	5691
广　东	8925862	8304131	1422291	1964813	581700
广　西					
海　南					
重　庆	165784	163500	78651	28217	10500
四　川	26268	26070	7599	27424	7150
贵　州	6037	6037	4419	3423	500
云　南					
西　藏					
陕　西	60796	59493	19861	125576	5466
甘　肃	35	35	34	2622	500
青　海					
宁　夏	106021	106021	40352	81535	30000
新　疆					

2-86 各地区外商投资建筑业企业收入情况

单位：万元

地　　区	主营业务收　　入	主营业务成　　本	主营业务税金及附加	其他业务收　　入	其他业务利　　润
全国总计	**10149352**	**9002182**	**35506**	**393730**	**11553**
北　　京	945211	855749	2243	29805	5724
天　　津	87778	66454	454	734	232
河　　北	68063	64290	56		
山　　西	1661	1055	1	18	
内 蒙 古					
辽　　宁	30200	24289	177	3497	
吉　　林					
黑 龙 江	8905	8724	47	17427	
上　　海	1989782	1773328	6389	6159	-782
江　　苏	2599601	2224531	6663	21653	5463
浙　　江	539765	507270	703	722	621
安　　徽	57824	49768	100	12	
福　　建	458950	415459	1140	365	-3
江　　西					
山　　东	281423	238473	8926	346	30
河　　南	107938	96188	665	13686	63
湖　　北	380275	339733	1125		
湖　　南				204191	
广　　东	2229187	2053049	5614	3063	-34
广　　西					
海　　南					
重　　庆	160110	149206	243	468	383
四　　川	20368	12385	59	950	17
贵　　州	4174	2825	36		
云　　南					
西　　藏					
陕　　西	63695	56901	111	89934	
甘　　肃	88	80			
青　　海					
宁　　夏	114354	62426	756	701	-163
新　　疆					

2-87 各地区外商投资建筑业企业费用情况

单位：万元

地 区	管理费用	销售费用	研发费用	财务费用	#利息收入	#利息支出
全国总计	**325897**	**71840**	**173801**	**44365**	**4278**	**55815**
北 京	48628	15225	11064	5622	1565	7548
天 津	7698	3094	2452	259	137	57
河 北	1560			-79	-82	
山 西	311			5		5
内 蒙 古						
辽 宁	9324	96	604	877	3	724
吉 林						
黑 龙 江	2090	138	2	314	203	3
上 海	72533	10182	11132	-1862	2368	1134
江 苏	71289	30819	64457	405	2891	4744
浙 江	13868			791	1	1175
安 徽	1485	1	264	1836	28	1405
福 建	7986	2475	122	458	-591	993
江 西						
山 东	7925	3484	5883	2690	-16	2617
河 南	8045	1548	3715	850	-55	1109
湖 北	23680	101		1388		306
湖 南	6209	282	6731	-357	386	
广 东	31036	3983	63901	34025	-1490	33582
广 西						
海 南						
重 庆	3529		3476	-438	715	183
四 川	1771	410		90	-171	228
贵 州	190					
云 南						
西 藏						
陕 西	3176	3		-3123	-1614	1
甘 肃	22					
青 海						
宁 夏	3542			619		
新 疆						

2-88 各地区外商投资建筑业企业利润及税金情况

单位：万元

地区	利润总额	#所得税费用	税金总额	主营业务税金及附加	应交增值税
全国总计	**577291**	**115020**	**230818**	**35506**	**195312**
北京	17685	4735	17854	2243	15611
天津	7723	1037	3110	454	2656
河北	2156	1609	185	56	130
山西	293	18	11	1	10
内蒙古					
辽宁	-4638	375	1233	177	1055
吉林					
黑龙江	-191	21	1403	47	1356
上海	128053	29620	39761	6389	33372
江苏	184290	26987	50224	6663	43561
浙江	17846	4403	11250	703	10547
安徽	4415	1053	189	100	89
福建	29966	7476	17173	1140	16033
江西					
山东	19150	5016	14877	8926	5951
河南	-810	-420	5479	665	4815
湖北	14267	3535	5556	1125	4431
湖南	42800	6118	9852		9852
广东	40947	9172	43580	5614	37966
广西					
海南					
重庆	4464	256	1591	243	1348
四川	3617	467	494	59	435
贵州	1120	168	335	36	299
云南					
西藏					
陕西	38558	10007	705	111	595
甘肃	-14		8		8
青海					
宁夏	25594	3368	5951	756	5194
新疆					

2-89 各地区外商投资建筑业企业应收工程款及企业亏损情况

地　区	应收工程款(万元)	企业个数(个)	#亏损企业个数	亏损企业的比重(%)
全国总计	**3951159**	**201**	**54**	**26.9**
北　京	398385	23	10	43.5
天　津	36880	6	2	33.3
河　北	41712	1		
山　西	2665	1		
内蒙古				
辽　宁	8812	17	9	52.9
吉　林				
黑龙江	10877	3	1	33.3
上　海	250381	38	9	23.7
江　苏	316620	34	6	17.6
浙　江	92808	5		
安　徽	2822	3		
福　建	95352	12	3	25.0
江　西				
山　东	315829	10	4	40.0
河　南	155970	8	2	25.0
湖　北	140483	4		
湖　南		1		
广　东	1920425	19	6	31.6
广　西				
海　南				
重　庆	51149	2		
四　川	50	4		
贵　州	3277	1		
云　南				
西　藏				
陕　西	7627	7	1	14.3
甘　肃	290	1	1	100.0
青　海				
宁　夏	98746	1		
新　疆				

2-90 各地区外商投资建筑业企业主要经济效益指标

地　区	产值利润率 (%)	产值利税率 (%)	资本利润率 (%)	资本利税率 (%)	人均利润 (元/人)	人均利税 (元/人)	资产负债率 (%)
全国总计	**6.5**	**9.1**	**33.4**	**46.8**	**39192**	**54862**	**73.3**
北　京	4.2	8.4	10.6	21.3	20269	40732	84.1
天　津	10.3	14.5	31.5	44.1	136926	192062	53.2
河　北	3.4	3.7	43.1	46.8	16677	18111	86.1
山　西	17.4	18.1	29.3	30.3	83686	86686	49.8
内蒙古							
辽　宁	-16.2	-11.9	-14.8	-10.9	-34380	-25244	75.4
吉　林							
黑龙江	-2.0	13.0	-4.5	28.5	-2269	14408	84.1
上　海	13.6	17.8	72.6	95.1	72134	94532	72.8
江　苏	6.9	8.7	43.0	54.7	30647	38999	56.5
浙　江	3.1	5.0	81.8	133.4	12269	20004	90.9
安　徽	5.3	5.5	12.6	13.1	37102	38687	70.0
福　建	4.3	6.7	50.2	79.0	23239	36556	52.2
江　西							
山　东	7.6	13.5	83.8	148.9	36707	65224	65.0
河　南	-0.6	3.2	-1.7	9.7	-4110	23704	72.9
湖　北	3.0	4.2	23.5	32.6	57365	79706	51.7
湖　南	20.9	25.8	752.0	925.1	92362	113621	43.1
广　东	2.2	4.6	7.0	14.5	39008	80525	82.0
广　西							
海　南							
重　庆	2.1	2.9	42.5	57.7	71080	96417	85.5
四　川	21.2	24.1	50.6	57.5	101899	115817	48.9
贵　州	26.8	34.8	224.0	291.0	466625	606167	63.8
云　南							
西　藏							
陕　西	49.7	50.6	705.4	718.3	222495	226564	32.6
甘　肃	-14.6	-5.8	-2.8	-1.1	-35000	-14000	1.3
青　海							
宁　夏	111.9	137.9	85.3	105.1	597981	737012	56.5
新　疆							

2-91 各地区港澳台商投资建筑业企业签订合同情况

单位：万元

地区	签订合同额	上年结转合同额	本年新签合同额
全国总计	**33166996**	**19353751**	**13813245**
北京	1763287	1222457	540829
天津	23262	19057	4205
河北	9257198	6105266	3151932
山西			
内蒙古			
辽宁	384584	294967	89617
吉林	95767	66992	28775
黑龙江	731		731
上海	3370842	2446353	924489
江苏	545144	270385	274759
浙江	4172352	1201911	2970441
安徽	73068	54405	18663
福建	1995372	961803	1033569
江西	1916356	972610	943746
山东	368274	243739	124535
河南	49066	38300	10766
湖北	9346	1544	7802
湖南	180052	26176	153876
广东	8352623	4916849	3435774
广西			
海南			
重庆	311066	292468	18597
四川	166897	117454	49444
贵州	6787	6787	
云南			
西藏			
陕西	124923	94228	30695
甘肃			
青海			
宁夏			
新疆			

2-92 各地区港澳台商投资建筑业企业承包工程完成情况

单位：万元

地 区	直接从建设单位承揽工程完成的产值	自行完成施工产值	分包出去工程的产值	从建设单位以外承揽工程完成的产值
全国总计	**15293000**	**13610007**	**1682993**	**945894**
北 京	629885	535488	94397	197043
天 津	9762	9762		11817
河 北	4109988	4099760	10228	1390
山 西				
内 蒙 古				
辽 宁	353632	353332	300	8513
吉 林	58128	58128		
黑 龙 江	432	432		
上 海	1038749	955065	83683	199328
江 苏	285053	281908	3144	19907
浙 江	2626651	2617757	8895	144042
安 徽	36739	36739		
福 建	1438799	1423799	15000	9298
江 西	1035946	1035946		
山 东	283170	283170		
河 南	8159	8159		
湖 北	6096	6096		
湖 南	173182	172851	330	100
广 东	3073420	1606403	1467017	354457
广 西				
海 南				
重 庆	12822	12822		
四 川	23423	23423		
贵 州	3390	3390		
云 南				
西 藏				
陕 西	85578	85578		
甘 肃				
青 海				
宁 夏				
新 疆				

2-93 各地区港澳台商投资企业建筑业总产值和竣工产值

单位：万元

地区	建筑业总产值	#装饰装修产值	#在外省完成的产值	按构成分组			竣工产值
				建筑工程产值	安装工程产值	其他产值	
全国总计	**14555901**	**917199**	**7149290**	**12753644**	**1669640**	**132617**	**6856194**
北京	732531	353805	600146	698249	32931	1351	348105
天津	21579	6461	5590	20494	720	364	559
河北	4101150	92374	1856025	4060437	4533	36180	2231316
山西							
内蒙古							
辽宁	361845	1822	283535	346622	15223		80171
吉林	58128	309	45410	46487	11321	319	11641
黑龙江	432	432		432			61
上海	1154393	175338	840111	434305	710600	9488	270153
江苏	301815	18280	116441	206372	93978	1465	175124
浙江	2761799	13361	1046019	2542867	217209	1723	1612852
安徽	36739	13933	14629	7812	25931	2996	8800
福建	1433097	139103	868039	1263411	167645	2041	740643
江西	1035946	4977	190877	1030025	944	4977	536588
山东	283170	1095		183037	96230	3903	73085
河南	8159			899		7260	
湖北	6096	1294		5406	691		1544
湖南	172951	1717	7230	168858	3014	1079	81607
广东	1960860	88995	1203442	1635455	266142	59263	677663
广西							
海南							
重庆	12822	209	12613	12613		209	209
四川	23423	3694	11528	8395	15028		194
贵州	3390			3390			5880
云南							
西藏							
陕西	85578		47656	78078	7500		
甘肃							
青海							
宁夏							
新疆							

2-94 各地区港澳台商投资建筑业企业房屋建筑面积

地区	房屋施工面积(万平方米)	#本年新开工	房屋竣工面积(万平方米)	房屋竣工率(%)
全国总计	**11104**	**2626**	**2474**	**22.3**
北京	278	42	4	1.5
天津				
河北	4083	657	691	16.9
山西				
内蒙古				
辽宁	1	1		
吉林				
黑龙江				
上海	363	144	167	46.0
江苏	41	28	13	30.4
浙江	2255	943	788	34.9
安徽	4	2	2	35.5
福建	706	97	262	37.2
江西	710	133	178	25.1
山东	106	21	36	34.1
河南				
湖北	2	2	1	24.5
湖南	159	25	35	22.1
广东	2298	524	296	12.9
广西				
海南				
重庆				
四川				
贵州	3			12.5
云南				
西藏				
陕西	93	9		
甘肃				
青海				
宁夏				
新疆				

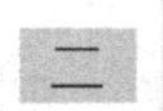

2−95　各地区按主要用途分的港澳台商投资建筑业企业房屋竣工面积

单位：万平方米

地　区	总计	住宅房屋	商业及服务用房屋	办公用房　屋	科研、教育和医疗用房屋
全国总计	**2474**	**1248**	**102**	**112**	**195**
北　京	4				4
天　津					
河　北	691	419	34	4	112
山　西					
内蒙古					
辽　宁					
吉　林					
黑龙江					
上　海	167	11	7		
江　苏	13	9			
浙　江	788	247	57	10	8
安　徽	2	2			
福　建	262	262			
江　西	178	70		58	46
山　东	36	36			
河　南					
湖　北	1				
湖　南	35	25	3	1	5
广　东	296	168	1	39	20
广　西					
海　南					
重　庆					
四　川					
贵　州					
云　南					
西　藏					
陕　西					
甘　肃					
青　海					
宁　夏					
新　疆					

2-95 续表 单位：万平方米

地　区	文化、体育和娱乐用房屋	厂房及建筑物	仓　库	其他未列明的房屋建筑物
全国总计	**11**	**718**	**11**	**76**
北　京				
天　津				
河　北	11	78	8	26
山　西				
内蒙古				
辽　宁				
吉　林				
黑龙江				
上　海		150		
江　苏		3		
浙　江		455	3	9
安　徽				
福　建				
江　西		4		
山　东				
河　南				
湖　北		1		
湖　南		2		
广　东		26		42
广　西				
海　南				
重　庆				
四　川				
贵　州				
云　南				
西　藏				
陕　西				
甘　肃				
青　海				
宁　夏				
新　疆				

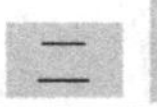

2-96 各地区按主要用途分的港澳台商投资建筑业企业房屋竣工价值

单位：万元

地　　区	总计	住宅房屋	商业及服务用房屋	办公用房　屋	科研、教育和医疗用房屋
全国总计	**5360376**	**2709780**	**357340**	**426163**	**780973**
北　　京	25474	232	55		25187
天　　津					
河　　北	1825072	874751	85169	11689	454899
山　　西					
内 蒙 古					
辽　　宁					
吉　　林					
黑 龙 江					
上　　海	108094	15248	7224		
江　　苏	32558	25360	560		
浙　　江	1499256	599755	256313	66048	26964
安　　徽	8800	8800			
福　　建	550062	550062			
江　　西	532695	173328		178970	170616
山　　东	72187	72187			
河　　南					
湖　　北	1544				
湖　　南	80116	51632	5382	2360	14714
广　　东	620647	338425	2637	167097	84723
广　　西					
海　　南					
重　　庆					
四　　川					
贵　　州	3870				3870
云　　南					
西　　藏					
陕　　西					
甘　　肃					
青　　海					
宁　　夏					
新　　疆					

2-96 续表 单位：万元

地　区	文化、体育和娱乐用房屋	厂房及建筑物	仓　库	其他未列明的房屋建筑物
全国总计	**97884**	**831385**		**20048**
北　京				
天　津				
河　北	95784	173382		15335
山　西				
内蒙古				
辽　宁				
吉　林				
黑龙江				
上　海		85622		
江　苏		6638		
浙　江	2100	525969		4647
安　徽				
福　建				
江　西		9782		
山　东				
河　南				
湖　北		1544		
湖　南		6028		
广　东		22419		66
广　西				
海　南				
重　庆				
四　川				
贵　州				
云　南				
西　藏				
陕　西				
甘　肃				
青　海				
宁　夏				
新　疆				

2-97 各地区港澳台商投资建筑业企业主要生产效益指标

地区	建筑业企业个数（个）	从事建筑业活动的平均人数（人）	按总产值计算的劳动生产率（元/人）	人均竣工产值（元/人）	人均施工面积（平方米/人）	人均竣工面积（平方米/人）
全国总计	**230**	**253638**	**573885**	**270314**	**437.8**	**97.5**
北京	23	19578	374160	177804	142.0	2.2
天津	6	490	440384	11412		
河北	4	64285	637964	347097	635.2	107.6
山西						
内蒙古						
辽宁	10	3010	1202143	266350	1.8	
吉林	3	220	2642177	529114		
黑龙江	1	25	172640	24320		
上海	41	18091	638104	149330	200.6	92.3
江苏	23	3609	836284	485241	114.7	34.9
浙江	14	37218	742060	433353	605.9	211.8
安徽	5	407	902676	216216	103.7	36.9
福建	17	44941	318884	164803	157.2	58.4
江西	5	28393	364860	188986	250.1	62.8
山东	6	4754	595645	153733	222.9	75.9
河南	2	561	145439			
湖北	2	177	344407	87232	127.0	31.1
湖南	3	2331	741962	350093	683.8	151.1
广东	57	23151	846987	292714	992.8	127.8
广西						
海南						
重庆	2	68	1885529	30750		
四川	3	467	501561	4152		
贵州	1	165	205455	356364	169.7	21.2
云南						
西藏						
陕西	2	1697	504287		550.9	
甘肃						
青海						
宁夏						
新疆						

2-98 各地区港澳台商投资建筑业企业资产构成

单位：万元

地区	资产总计	#流动资产合计	#存货
全国总计	**27870543**	**23470702**	**1178096**
北京	969859	933156	103638
天津	119705	117720	6457
河北	5340619	4800439	17269
山西			
内蒙古			
辽宁	901619	821905	93529
吉林	120317	108477	35766
黑龙江	9128	7839	
上海	2209192	1653581	163203
江苏	657713	599778	72643
浙江	1107725	991594	85907
安徽	102516	75961	18444
福建	582667	533139	127993
江西	2959796	2314744	19996
山东	578373	405316	43277
河南	93576	91814	57537
湖北	15406	13694	539
湖南	113142	106828	53930
广东	10963890	9324137	223064
广西			
海南			
重庆	869415	421169	17753
四川	81938	75517	31122
贵州	2212	2212	1193
云南			
西藏			
陕西	71736	71683	4836
甘肃			
青海			
宁夏			
新疆			

2-99 各地区港澳台商投资建筑业企业固定资产情况

单位：万元

地　　区	固定资产原价	累计折旧	#本年折旧	在建工程
全国总计	**815916**	**410394**	**44649**	**184218**
北　　京	28833	19686	1229	
天　　津	8934	7405	247	
河　　北	97274	23226	1719	8034
山　　西				
内 蒙 古				
辽　　宁	111665	75223	17156	
吉　　林	21811	10682	126	
黑 龙 江	1348	443		
上　　海	150793	68534	6119	487
江　　苏	74957	40091	3927	3247
浙　　江	64686	32215	3058	5457
安　　徽	29344	5485	839	1486
福　　建	12703	8413	570	8323
江　　西	5990	3154	47	24777
山　　东	8583	5914	520	11
河　　南	2110	552	73	
湖　　北	250	235	8	
湖　　南	1103	904	38	2200
广　　东	181193	100984	8262	128710
广　　西				
海　　南				
重　　庆	12796	6062	547	
四　　川	1413	1108	125	1487
贵　　州				
云　　南				
西　　藏				
陕　　西	131	78	30	
甘　　肃				
青　　海				
宁　　夏				
新　　疆				

2-100 各地区港澳台商投资建筑业企业负债及所有者权益

单位：万元

地 区	负债合计	#流动负债	#应付账款	所有者权益	#实收资本
全国总计	**20915757**	**19281796**	**8534776**	**6954786**	**2228281**
北 京	675354	622726	361029	294505	118523
天 津	81844	81844	19578	37861	9735
河 北	4746962	4715361	2972217	593657	193838
山 西					
内 蒙 古					
辽 宁	399782	396379	156198	501837	242510
吉 林	86527	86523	30832	33789	12505
黑 龙 江	6946	6946	5152	2182	1660
上 海	1505431	1386283	567636	703761	254347
江 苏	465631	392948	111086	192081	88463
浙 江	725889	725183	315442	381836	222159
安 徽	69992	67519	14962	32524	10814
福 建	433895	430893	207018	148771	80938
江 西	2502279	2441121	1064742	457516	129546
山 东	407044	387918	165328	171328	99899
河 南	83483	83362	62033	10093	4598
湖 北	2250	2250	1757	13157	5480
湖 南	96167	96167	80480	16976	11866
广 东	7899587	6765474	2249528	3064302	535897
广 西					
海 南					
重 庆	597060	463929	83236	272355	188907
四 川	69458	68793	24233	12480	11097
贵 州	1736	1739	276	476	
云 南					
西 藏					
陕 西	58437	58437	42016	13300	5500
甘 肃					
青 海					
宁 夏					
新 疆					

2-101 各地区港澳台商投资建筑业企业收入情况

单位：万元

地　区	主营业务收　入	主营业务成　本	主营业务税金及附加	其他业务收　入	其他业务利　润
全国总计	**13494458**	**12266704**	**35259**	**207280**	**31579**
北　京	852453	775007	1842	5094	59
天　津	24839	21718	36	635	-62
河　北	3133120	3032525	7875	49480	8875
山　西					
内蒙古					
辽　宁	242976	190564	2245	218	
吉　林	62100	59288	374	1604	
黑龙江	400	388			
上　海	1251372	1123398	3412	20682	13909
江　苏	341605	300300	1003	3604	256
浙　江	1788707	1639713	4711	17104	2030
安　徽	37196	29904	110		
福　建	1228542	1187829	4424	64298	24
江　西	562215	527295	1652		
山　东	261444	227242	980	62	3
河　南	7805	6926	105		
湖　北	5985	5350	38	68	
湖　南	134652	130959	496		
广　东	3375666	2854242	5222	28466	6089
广　西					
海　南					
重　庆	29322	26166	154	15458	
四　川	71286	52713	180	509	396
贵　州	2366	1761	2		
云　南					
西　藏					
陕　西	80408	73416	349		
甘　肃					
青　海					
宁　夏					
新　疆					

2-102 各地区港澳台商投资建筑业企业费用情况

单位：万元

地　区	管理费用	销售费用	研发费用	财务费用	#利息收入	#利息支出
全国总计	**397717**	**41327**	**221900**	**132993**	**38438**	**160552**
北　京	35409	5608	10089	244	817	760
天　津	3419	194		320	3	
河　北	50285	233	12739	7753	1916	10247
山　西						
内蒙古						
辽　宁	48420	3659	8242	-12589	124	111
吉　林	2080	17		-70	85	
黑龙江	10					
上　海	71129	8215	28828	8181	2397	7407
江　苏	22653	1835	3727	2473	3664	6872
浙　江	37862	6970	44743	5861	-418	5378
安　徽	3048	105	219	-60	-73	
福　建	11510	1619	4396	1563	2385	36
江　西	13169		6522	14366	14618	28133
山　东	10476	91	6952	6000	6964	12184
河　南	861			-12	13	
湖　北	579			147		
湖　南	1585	26	198	17		
广　东	75558	6969	92286	79675	5757	70255
广　西						
海　南						
重　庆	5130			18046	247	18420
四　川	2390	5769	2959	1100	-5	718
贵　州	532	18		14		13
云　南						
西　藏						
陕　西	1614			-35	-55	19
甘　肃						
青　海						
宁　夏						
新　疆						

2-103 各地区港澳台商投资建筑业企业利润及税金情况

单位：万元

地　区	利润总额	#所得税费用	税金总额	主营业务税金及附加	应交增值税
全国总计	**520296**	**81477**	**265400**	**35259**	**230141**
北　京	22710	5083	16305	1842	14462
天　津	-784	26	605	86	520
河　北	38111	8302	57362	7875	49487
山　西					
内蒙古					
辽　宁	25681	221	3902	2245	1657
吉　林	1546	10	7057	374	6683
黑龙江	2				
上　海	38104	7316	21461	3412	18049
江　苏	15098	2735	7498	1003	6496
浙　江	43533	3856	26894	4711	22182
安　徽	3936	927	927	110	817
福　建	25106	6668	25986	4424	21562
江　西	5700	-2544	9850	1652	8199
山　东	12547	2286	7007	980	6027
河　南	-52	51	938	105	833
湖　北	-3	1	329	38	292
湖　南	1302	278	2800	496	2304
广　东	282185	44318	72560	5222	67338
广　西					
海　南					
重　庆	-4796		238	154	85
四　川	5308	663	1315	180	1135
贵　州	-2	15	40	2	38
云　南					
西　藏					
陕　西	5065	1266	2325	349	1976
甘　肃					
青　海					
宁　夏					
新　疆					

2-104 各地区港澳台商投资建筑业企业应收工程款及企业亏损情况

地　区	应收工程款(万元)	企业个数(个)	#亏损企业个数	亏损企业的比重(%)
全国总计	**6806266**	**230**	**66**	**28.7**
北　京	331791	23	8	34.8
天　津	10905	6	4	66.7
河　北	598334	4		
山　西				
内蒙古				
辽　宁	375288	10	4	40.0
吉　林	20331	3		
黑龙江	5684	1		
上　海	379150	41	14	34.1
江　苏	134490	23	4	17.4
浙　江	405697	14	6	42.9
安　徽	16849	5	1	20.0
福　建	246836	17	2	11.8
江　西	442845	5	2	40.0
山　东	99820	6	1	16.7
河　南	9561	2	1	50.0
湖　北	137	2	1	50.0
湖　南	47339	3		
广　东	3429790	57	14	24.6
广　西				
海　南				
重　庆	193237	2	2	100.0
四　川	31666	3	1	33.3
贵　州	189	1	1	100.0
云　南				
西　藏				
陕　西	26328	2		
甘　肃				
青　海				
宁　夏				
新　疆				

2-105 各地区港澳台商投资建筑业企业主要经济效益指标

地区	产值利润率(%)	产值利税率(%)	资本利润率(%)	资本利税率(%)	人均利润(元/人)	人均利税(元/人)	资产负债率(%)
全国总计	**3.6**	**5.4**	**23.3**	**35.3**	**20513**	**30977**	**75.0**
北京	3.1	5.3	19.2	32.9	11600	19928	69.6
天津	-3.6	-0.8	-8.1	-1.8	-15994	-3639	68.4
河北	0.9	2.3	19.7	49.3	5928	14852	88.9
山西							
内蒙古							
辽宁	7.1	8.2	10.6	12.2	85318	98282	44.3
吉林	2.7	14.8	12.4	68.8	70277	391059	71.9
黑龙江	0.4	0.5	0.1	0.1	640	800	76.1
上海	3.3	5.2	15.0	23.4	21062	32925	68.1
江苏	5.0	7.5	17.1	25.5	41833	62610	70.8
浙江	1.6	2.6	19.6	31.7	11697	18923	65.5
安徽	10.7	13.2	36.4	45.0	96710	119477	68.3
福建	1.8	3.6	31.0	63.1	5586	11369	74.5
江西	0.6	1.5	4.4	12.0	2007	5477	84.5
山东	4.4	6.9	12.6	19.6	26393	41133	70.4
河南	-0.6	10.9	-1.1	19.3	-920	15800	89.2
湖北	-0.1	5.3	-0.1	5.9	-192	18401	14.6
湖南	0.8	2.4	11.0	34.6	5585	17596	85.0
广东	14.4	18.1	52.7	66.2	121889	153231	72.1
广西							
海南							
重庆	-37.4	-35.5	-2.5	-2.4	-705265	-670206	68.7
四川	22.7	28.3	47.8	59.7	113668	141818	84.8
贵州	-0.1	1.1			-103	2339	78.5
云南							
西藏							
陕西	5.9	8.6	92.1	134.4	29845	43547	81.5
甘肃							
青海							
宁夏							
新疆							

三、中央和地方建筑业企业

3-1 各地区中央建筑业企业签订合同情况

单位：万元

地区	签订合同额	上年结转合同额	本年新签合同额
全国总计	**2608372030**	**1404101835**	**1204270195**
北京	364467588	216081411	148386177
天津	136002439	67264701	68737738
河北	72040939	35410647	36630292
山西	57366521	30181556	27184965
内蒙古	19620468	12786566	6833902
辽宁	40217978	18318452	21899526
吉林	7212762	4129848	3082914
黑龙江	4308320	2479276	1829044
上海	213437948	115646323	97791625
江苏	76031735	46780266	29251469
浙江	12402128	6901747	5500381
安徽	83486203	37670198	45816005
福建	46745213	30131765	16613448
江西	23945845	12123786	11822059
山东	128228176	63271282	64956893
河南	119679693	63520770	56158924
湖北	370627694	198613395	172014299
湖南	139533129	85158651	54374479
广东	304245541	150981538	153264004
广西	25763903	12777942	12985961
海南	1113939	443772	670168
重庆	48068606	26929390	21139216
四川	83697479	45613487	38083992
贵州	45886016	25818300	20067716
云南	29492806	19025903	10466903
西藏	454180	333154	121026
陕西	112708160	54264812	58443348
甘肃	11488191	5919846	5568345
青海	9966311	5599930	4366380
宁夏	2092115	492429	1599686
新疆	18040006	9430696	8609311

3-2 各地区中央建筑业企业承包工程完成情况

单位：万元

地区	直接从建设单位承揽工程完成的产值	自行完成施工产值	分包出去工程的产值	从建设单位以外承揽工程完成的产值
全国总计	**661881065**	**594830645**	**67050420**	**83347581**
北京	96960122	70808444	26151677	15904242
天津	36536007	30157534	6378473	1740985
河北	16481013	15895159	585854	1625850
山西	18064667	17731925	332743	954386
内蒙古	3582241	3582241		40238
辽宁	13007290	12487285	520005	1990505
吉林	2031131	2002675	28457	1362692
黑龙江	1569914	1423382	146532	13831
上海	45293691	37848640	7445051	4853630
江苏	22863512	22318048	545463	2049740
浙江	3543552	2323231	1220321	1062254
安徽	21757479	20841568	915910	4539494
福建	14659405	14632247	27158	3385921
江西	7134278	7134278		358130
山东	37389992	30295640	7094353	5501395
河南	34301212	34189776	111436	1336710
湖北	83554587	82579430	975157	5386991
湖南	31729942	31729942		2034059
广东	72937894	62694290	10243604	13626178
广西	8433634	6736229	1697405	1893970
海南	277458	277458		9697
重庆	12564207	12278724	285483	2654996
四川	18551513	17978266	573248	1000225
贵州	11724434	11724434		336254
云南	5424424	5411972	12452	1186509
西藏	156308	143788	12520	46829
陕西	28961770	28437677	524093	8219034
甘肃	3385962	2414601	971360	
青海	2657666	2556011	101655	53180
宁夏	997591	993837	3754	5027
新疆	5348170	5201912	146258	174633

3-3 各地区中央企业建筑业总产值和竣工产值

单位：万元

地　　区	建筑业总产值	#装饰装修产　　值	#在外省完成的产值	按构成分组			竣工产值
				建筑工程产值	安装工程产值	其他产值	
全国总计	**678178225**	**10873434**	**459512579**	**613579216**	**53882572**	**10716437**	**198222403**
北　　京	86712686	3140547	77950282	81539306	4494488	678892	38005200
天　　津	31898519	104961	26513539	29230461	1746821	921237	10156364
河　　北	17521009	175363	13192157	12703240	3563599	1254171	5340338
山　　西	18686311	449869	15175837	17293810	1180216	212285	1970728
内 蒙 古	3622480	99313	3105795	3530962	91518		434362
辽　　宁	14477790	80572	9415588	12285356	1770618	421817	3471466
吉　　林	3365366		1576830	2658310	436834	270222	349128
黑 龙 江	1437213		525446	655666	774294	7252	467158
上　　海	42702270	1378907	36908125	38586366	3419432	696473	13938673
江　　苏	24367788	2056	14754031	21060907	2963085	343796	6744213
浙　　江	3385485		1726164	2928514	431105	25866	852717
安　　徽	25381063	142231	16467472	23517580	1605535	257947	7593297
福　　建	18018168	101921	6384345	16826493	1062911	128765	4882287
江　　西	7492408	64744	5131824	5646893	1343498	502017	616686
山　　东	35797034	465000	19562224	31262706	3998439	535890	7765925
河　　南	35526486	614929	20631231	31544504	3228538	753444	9209941
湖　　北	87966421	825705	66463613	81056534	6146044	763843	29348565
湖　　南	33764001	714970	26799727	31319823	2060871	383308	15670583
广　　东	76320468	1631175	27591468	71100480	4423269	796719	12526144
广　　西	8630199	27466	3874950	7828942	476661	324596	1257655
海　　南	287155		88218	249554	34001	3600	168459
重　　庆	14933720	164803	9514139	14151279	701752	80689	6256806
四　　川	18978490	193158	9813120	16889695	1503901	584895	6298421
贵　　州	12060687	209306	8924012	9507861	2542024	10802	2178895
云　　南	6598481	107393	3637131	6312773	242496	43212	210850
西　　藏	190617			139215	51402		66864
陕　　西	36656711	121329	28029757	33901100	2187633	567978	8991730
甘　　肃	2414601	53578	1297362	2034862	350679	29061	319481
青　　海	2609191	300	2097149	2389096	156890	63205	1157275
宁　　夏	998863		561843	604368	368515	25980	389278
新　　疆	5376545	3840	1799202	4822561	525505	28479	1582917

3-4 各地区中央建筑业企业房屋建筑面积

地　区	房　屋施工面积(万平方米)	#本年新开工	房　屋竣工面积(万平方米)	房屋竣工率(%)
全国总计	**331066**	**73688**	**52227**	**15.8**
北　京	65088	12546	9795	15.0
天　津	12766	2480	1224	9.6
河　北	4962	1242	294	5.9
山　西	3770	989	1795	47.6
内蒙古	3604	331	56	1.6
辽　宁	3575	854	421	11.8
吉　林	392	84	49	12.4
黑龙江	76	28	2	2.5
上　海	26270	5644	3002	11.4
江　苏	10579	1321	2859	27.0
浙　江	453	59	17	3.9
安　徽	9780	2031	1091	11.2
福　建	10082	2742	1315	13.0
江　西	1246	99	96	7.7
山　东	18780	5451	1320	7.0
河　南	21791	2639	1703	7.8
湖　北	44362	8577	12784	28.8
湖　南	28023	6023	5423	19.4
广　东	35807	12539	5228	14.6
广　西	1112	221	260	23.4
海　南	23	1	17	74.6
重　庆	3904	1893	647	16.6
四　川	7743	2431	1409	18.2
贵　州	2436	486	330	13.5
云　南	355	217	29	8.1
西　藏	20		4	18.7
陕　西	9318	1429	810	8.7
甘　肃	1009	381	38	3.8
青　海	200	64	7	3.5
宁　夏	58	5	4	6.8
新　疆	3483	880	197	5.7

3-5 各地区按主要用途分的中央建筑业企业房屋竣工面积

单位：万平方米

地　区	总计	住宅房屋	商业及服务用房屋	办公用房　屋	科研、教育和医疗用房屋
全国总计	**52227**	**32200**	**5069**	**2580**	**4087**
北　京	9795	6604	1061	493	597
天　津	1224	728	153	43	91
河　北	294	147	10	5	31
山　西	1795	994	99	22	451
内蒙古	56	18		4	8
辽　宁	421	321	15	25	42
吉　林	49	42			5
黑龙江	2				
上　海	3002	1523	355	64	336
江　苏	2859	2326	24	152	159
浙　江	17				8
安　徽	1091	710	171	44	31
福　建	1315	1000	196	3	24
江　西	96	36	3	2	11
山　东	1320	679	78	328	86
河　南	1703	867	328	46	225
湖　北	12784	8319	1494	881	634
湖　南	5423	2856	398	280	294
广　东	5228	2784	358	63	706
广　西	260	135	15		37
海　南	17		9		9
重　庆	647	356	19	24	55
四　川	1409	930	68	29	118
贵　州	330	157	117	41	11
云　南	29	15	6		1
西　藏	4	4			
陕　西	810	516	84	29	59
甘　肃	38				38
青　海	7	5			1
宁　夏	4				
新　疆	197	129	8	3	19

3-5 续表 单位：万平方米

地 区	文化、体育和娱乐用房屋	厂房及建筑物	仓 库	其他未列明的房屋建筑物
全国总计	**667**	**4676**	**297**	**2652**
北 京	62	665	74	239
天 津	2	181	17	9
河 北		67	1	34
山 西		97		132
内蒙古	4	18		4
辽 宁		13		5
吉 林		1		1
黑龙江				2
上 海	105	584	30	6
江 苏	41	130		27
浙 江		9		1
安 徽	12	65		57
福 建	1	84		6
江 西		36	8	
山 东	59	89		
河 南	28	150	36	22
湖 北	67	436	33	920
湖 南	41	440	66	1048
广 东	104	1141	11	62
广 西		68	3	2
海 南				
重 庆		164	8	22
四 川	115	137	3	9
贵 州		4		
云 南		2		4
西 藏				
陕 西	14	70		38
甘 肃				
青 海		1		
宁 夏	2	2		
新 疆	10	20	8	

3–6 各地区按主要用途分的中央建筑业企业房屋竣工价值

单位：万元

地 区	总计	住宅房屋	商业及服务用房屋	办公用房屋	科研、教育和医疗用房屋
全国总计	**113930173**	**56893715**	**14798690**	**9598539**	**11466708**
北 京	28434420	17243319	3460259	1537411	2422755
天 津	3213590	1732925	382274	115533	429170
河 北	544849	289751	38329	15168	40785
山 西	1580519	776155	70205	34276	328493
内 蒙 古	106716	35981		16974	8957
辽 宁	927343	669441	100477	53760	55085
吉 林	85713	72806			5485
黑 龙 江	5664				
上 海	9063708	3710174	1973224	421301	614651
江 苏	3064608	1718694	33572	507547	364527
浙 江	29059				13735
安 徽	3018266	1568279	536135	75660	81947
福 建	3500237	2520737	517516	5577	97193
江 西	130795	31918	12376	20	35561
山 东	5166826	1898820	256513	1303107	739302
河 南	4739298	2293370	784225	177750	728120
湖 北	20303561	8532166	2935742	3133131	1840495
湖 南	11501925	5285320	1178544	1428503	879434
广 东	8853788	3992251	1357194	218099	1512841
广 西	567807	273412	21123	226	136392
海 南	132208		70901		61307
重 庆	2268451	1003709	163918	258442	177073
四 川	3553477	1909316	292671	120891	547787
贵 州	785630	338645	307630	98968	28689
云 南	58366	28436	4618	862	936
西 藏	5476	5476			
陕 西	1730243	680391	251707	65896	256593
甘 肃	6939		671		6268
青 海	23718	18002		550	2041
宁 夏	16955				
新 疆	510019	264220	48819	8886	51088

3-6 续表 单位：万元

地　区	文化、体育和娱乐用房屋	厂房及建筑物	仓　库	其他未列明的房屋建筑物
全国总计	**2822263**	**11135817**	**1017548**	**6196895**
北　京	406371	2032773	169929	1161603
天　津	12819	428109	72103	40658
河　北		131788	2300	26729
山　西	524	269829	424	100614
内蒙古	6217	31076		7511
辽　宁		36445	182	11953
吉　林		5278		2145
黑龙江				5664
上　海	566980	1597210	99999	80170
江　苏	226383	177495		36390
浙　江		13856		1469
安　徽	47554	191539	1104	515998
福　建	520	355145		3550
江　西		38416	12503	
山　东	388247	580838		
河　南	104233	396056	142939	112605
湖　北	274107	1365585	91078	2131259
湖　南	138248	1050701	278594	1262581
广　东	244722	1315757	35422	177502
广　西		108188	8932	19533
海　南				
重　庆		348313	28353	288643
四　川	335494	314500	4501	28317
贵　州		11006		693
云　南		3964		19550
西　藏				
陕　西	35621	279070		160965
甘　肃				
青　海		3125		
宁　夏	11885	5070		
新　疆	22339	44686	69186	795

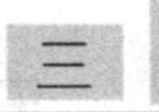

3-7 各地区中央建筑业企业主要生产效益指标

地区	建筑业企业个数(个)	从事建筑业活动的平均人数(人)	按总产值计算的劳动生产率(元/人)	人均竣工产值(元/人)	人均施工面积(平方米/人)	人均竣工面积(平方米/人)
全国总计	**1438**	**7824822**	**866701**	**253325**	**423.1**	**66.7**
北京	156	1211416	715796	313725	537.3	80.9
天津	67	308386	1034370	329339	414.0	39.7
河北	53	128478	1363736	415662	386.2	22.9
山西	49	364870	512136	54012	103.3	49.2
内蒙古	6	38603	938393	112520	933.7	14.6
辽宁	73	131585	1100261	263819	271.7	32.0
吉林	32	28468	1182158	122639	137.7	17.1
黑龙江	15	26688	538524	175044	28.5	0.7
上海	57	380513	1122229	366313	690.4	78.9
江苏	51	339761	717204	198499	311.4	84.2
浙江	27	41904	807914	203493	108.1	4.2
安徽	36	193072	1314591	393288	506.6	56.5
福建	38	448402	401831	108882	224.8	29.3
江西	25	46412	1614326	132872	268.4	20.7
山东	76	395399	905340	196407	475.0	33.4
河南	64	378491	938635	243333	575.7	45.0
湖北	78	690612	1273746	424965	642.4	185.1
湖南	37	401796	840327	390013	697.4	135.0
广东	144	924355	825662	135512	387.4	56.6
广西	36	102259	843955	122987	108.7	25.4
海南	9	6090	471518	276615	38.3	28.6
重庆	37	157979	945298	396053	247.1	41.0
四川	46	188866	1004865	333486	410.0	74.6
贵州	23	183197	658345	118937	133.0	18.0
云南	26	93971	702183	22438	37.8	3.1
西藏	8	798	2388688	837900	256.8	48.1
陕西	82	465537	787407	193147	200.1	17.4
甘肃	18	23492	1027840	135995	429.4	16.2
青海	10	17181	1518649	673578	116.1	4.1
宁夏	8	8519	1172512	456953	67.6	4.6
新疆	51	97722	550188	161982	356.4	20.2

3-8 各地区中央建筑业企业资产构成

单位：万元

地 区	资产总计	#流动资产合计	#存货
全国总计	**977214319**	**662407866**	**28657267**
北 京	275281711	137109839	2360828
天 津	53759595	38710581	1101951
河 北	20747881	17746380	1744831
山 西	32546682	25346807	972476
内蒙古	2544261	2062403	649445
辽 宁	18624509	15927197	656224
吉 林	3302571	2688322	253854
黑龙江	3851405	3534550	596109
上 海	60574973	43453244	952529
江 苏	22282276	18794050	1444749
浙 江	5459362	4134182	450092
安 徽	25259010	18700857	432266
福 建	10314946	7862466	316054
江 西	7490965	6813744	307428
山 东	39761316	31400329	1243522
河 南	31167193	25756839	858674
湖 北	109881390	75480813	7964574
湖 南	33351267	23441626	719284
广 东	87195540	61233902	1348197
广 西	9841603	6876498	253017
海 南	672320	565900	8725
重 庆	13963246	10087680	368466
四 川	24935949	19211689	846241
贵 州	18349194	15982534	576303
云 南	7120075	5138485	134519
西 藏	724292	581265	2545
陕 西	39592303	29373184	1330131
甘 肃	5665948	4525166	94238
青 海	4135790	2691083	203765
宁 夏	980394	860650	43023
新 疆	7836355	6315600	423206

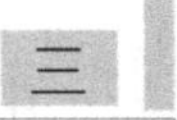

3-9 各地区中央建筑业企业固定资产情况

单位：万元

地 区	固定资产原价	累计折旧	#本年折旧	在建工程
全国总计	**54727318**	**31753757**	**3840378**	**2555456**
北 京	6174305	3485843	561155	303429
天 津	5037938	3200018	277349	129942
河 北	2743423	1840314	117068	39523
山 西	2514839	1672155	347401	24178
内蒙古	154686	87002	8119	5136
辽 宁	1750873	1156735	72987	98132
吉 林	366532	206223	23135	294
黑龙江	594798	417053	22137	11416
上 海	3271524	1804750	206887	62777
江 苏	1766743	911116	84238	49804
浙 江	506294	286095	30958	3433
安 徽	1304754	695263	71349	61637
福 建	671470	356239	70685	1996
江 西	615535	426991	45752	7366
山 东	2568461	1616244	209681	105475
河 南	2198637	1339015	164589	38045
湖 北	7382126	3745467	463420	742234
湖 南	2023122	1052257	148112	225001
广 东	3858190	1903155	327431	326344
广 西	636116	404979	38919	13884
海 南	15047	11753	2587	
重 庆	1361934	875171	82447	72798
四 川	1374911	849134	82664	16316
贵 州	508929	256224	27560	113
云 南	447817	271220	36851	15622
西 藏	33323	18424	2067	
陕 西	3435334	2084204	243421	76125
甘 肃	307480	210259	12177	2050
青 海	451972	240141	23320	16300
宁 夏	115421	58427	3220	
新 疆	534786	271889	32696	106086

3-10 各地区中央建筑业企业负债及所有者权益

单位：万元

地　区	负债合计	#流动负债	#应付账款	所有者权益	#实收资本
全国总计	**738946140**	**671932116**	**285896693**	**238278893**	**93983459**
北　京	172957972	153862172	53369727	102323740	27991779
天　津	42048926	39596485	15088512	11710669	5570541
河　北	17017145	15992390	6857162	3730737	2368350
山　西	27802947	26096488	10384820	4743734	2647987
内蒙古	2254144	2129160	948934	290116	181453
辽　宁	16100232	14905597	5793133	2524277	2188303
吉　林	2746369	2568758	1459172	556201	495517
黑龙江	4175139	4087789	1552441	-323735	420198
上　海	46962345	45837678	21600002	13612627	6076008
江　苏	17964006	17121777	7661776	4318269	1973010
浙　江	4248187	4059014	1989953	1211176	683605
安　徽	20814666	20113618	7683751	4444344	1986667
福　建	8126761	7404147	4273293	2188185	1091243
江　西	6920851	6579045	2672861	570114	636755
山　东	32787080	31389944	15151216	6974236	3773280
河　南	25594922	24333529	9115296	5572271	2929562
湖　北	85233640	67910374	34996889	24647749	7638188
湖　南	26529819	24230209	12700680	6821448	3163121
广　东	69723841	62040145	27726982	17471699	7845887
广　西	7750957	6984262	2656135	2090646	1322249
海　南	312264	303876	176924	360056	346826
重　庆	11390852	10657573	4006831	2583108	1482888
四　川	20706772	19245889	9428753	4229177	2592061
贵　州	16002237	15293129	6201597	2346957	1662652
云　南	5603709	4999441	2043374	1516366	598926
西　藏	482843	429200	106817	241449	134821
陕　西	31598338	29700170	13914929	7993966	4321668
甘　肃	4703010	4467889	1810672	962938	572754
青　海	3106113	2577612	1356728	1029677	311652
宁　夏	818800	814621	442856	161594	111753
新　疆	6461252	6200133	2724477	1375102	863755

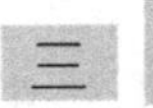

3-11 各地区中央建筑业企业收入情况

单位：万元

地　区	主营业务收入	主营业务成本	主营业务税金及附加	其他业务收入	其他业务利润
全国总计	**694746427**	**645604739**	**1402708**	**6704969**	**626865**
北　京	118563288	109647570	238733	1448018	127549
天　津	33612406	30880322	56693	309017	55533
河　北	16466571	15172056	39112	299771	16948
山　西	23688027	22487016	32243	126389	35539
内 蒙 古	3105415	2945921	5308	4410	476
辽　宁	12160301	11397612	27175	106850	6213
吉　林	3301647	3117909	6350	9373	3351
黑 龙 江	1785470	1932693	6394	20555	6462
上　海	58789568	55097606	96889	131938	28925
江　苏	22913621	21513199	39547	344543	32281
浙　江	4864194	4569317	7508	36056	8138
安　徽	23812898	22214399	45240	192644	28943
福　建	11762327	10670684	26115	73460	15938
江　西	5562975	5173129	6859	23339	5597
山　东	36583043	34221785	67607	227430	18884
河　南	29054167	27184361	50940	205300	23883
湖　北	87170170	79989421	221630	1172034	78540
湖　南	30824862	28479883	82738	47336	6247
广　东	67982847	63170391	132073	1227420	55392
广　西	6513223	5879263	19083	79940	5133
海　南	327165	294390	579	3266	276
重　庆	11364898	10495087	24920	45029	3714
四　川	21121423	19660938	43338	192640	28836
贵　州	11412016	10854653	12259	23157	2323
云　南	4310265	3902676	10403	20820	4296
西　藏	191883	177708	406	805	
陕　西	33438242	31401997	62044	196421	22194
甘　肃	3545947	3402838	7210	68079	444
青　海	3561731	3221753	10799	24996	196
宁　夏	1002331	944793	3083	2852	519
新　疆	5953510	5503369	19423	41083	4097

3-12 各地区中央建筑业企业费用情况

单位：万元

地 区	管理费用	销售费用	研发费用	财务费用	#利息收入	#利息支出
全国总计	**12200169**	**852210**	**17132160**	**3003953**	**3179295**	**5376736**
北 京	2203312	182199	3309473	756817	1148572	1798904
天 津	581337	42494	1031458	159490	277658	308956
河 北	502652	44838	363947	85578	24218	92596
山 西	261168	7455	509506	57647	71907	106787
内 蒙 古	35829	3741	9803	13756	1617	13295
辽 宁	317673	8507	233379	117230	21211	120531
吉 林	63609	1054	67691	4188	8027	12869
黑 龙 江	55256	5053	19686	17952	1327	21596
上 海	759441	99293	1293361	197460	188900	277142
江 苏	402702	23408	515645	63690	68372	91612
浙 江	96728	6482	113008	-256	16872	17821
安 徽	289853	8049	629049	25390	24666	34267
福 建	170056	5662	319685	37666	21184	30499
江 西	209193	12664	129509	25395	13924	32853
山 东	592473	44540	908125	52369	140468	200707
河 南	410614	19977	687630	115101	44542	166639
湖 北	1663599	146258	2319286	374815	252123	637382
湖 南	542306	14756	955885	129362	119769	205918
广 东	849261	32476	1465915	308289	332391	560554
广 西	139503	6321	118885	64502	7490	69352
海 南	9419	30	6038	936	2056	935
重 庆	436239	21958	240039	145631	25814	102787
四 川	402965	45599	576099	17492	128805	130624
贵 州	217003	1367	177859	73030	20051	81695
云 南	104046	4228	139291	50028	34379	42594
西 藏	9003		33	-2635	7870	3803
陕 西	551769	49975	680612	79528	94175	163963
甘 肃	67876	10273	29325	-17780	46249	24787
青 海	97977	324	129488	15929	5561	1349
宁 夏	23915	567	15937	3268	1823	186
新 疆	133395	2664	136515	32088	27274	23735

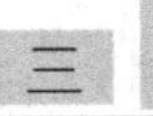

3-13　各地区中央建筑业企业利润及税金情况

单位：万元

地　　区	利润总额	#所得税费用	税金总额	主营业务税金及附加	应交增值税
全国总计	**23017551**	**2471205**	**9193441**	**1402708**	**7790733**
北　京	8424110	518880	1335528	238733	1096795
天　津	839936	83319	355111	56693	298419
河　北	367865	74625	258447	39112	219335
山　西	410794	21999	209804	32243	177562
内蒙古	46812	13322	22801	5308	17493
辽　宁	-19766	-69	225290	27175	198116
吉　林	44575	4099	107200	6360	100840
黑龙江	-305085	3863	48756	6394	42363
上　海	1425888	173456	783224	96889	686335
江　苏	740516	118791	447135	39547	407588
浙　江	114904	19879	57593	7508	50085
安　徽	786957	109498	343109	45240	297868
福　建	285404	48122	169070	26115	142955
江　西	73325	17271	78297	6859	71438
山　东	1113257	105076	479970	67607	412362
河　南	606643	58730	283600	50940	232660
湖　北	2953584	435375	1382030	221630	1160400
湖　南	712874	102761	462712	82738	379973
广　东	1792902	229052	775628	132073	643555
广　西	380245	52892	113381	19083	94299
海　南	15722	2702	7129	579	6550
重　庆	262895	45967	179897	24920	154978
四　川	492885	79024	282780	43338	239442
贵　州	180524	7089	75756	12259	63497
云　南	104822	19877	97183	10403	86780
西　藏	10002	960	11427	406	11021
陕　西	831758	79585	413685	62044	351641
甘　肃	58042	3819	56586	7210	49376
青　海	93802	11296	36080	10799	25281
宁　夏	5244	1767	20158	3083	17075
新　疆	166116	28179	74076	19423	54653

3-14 各地区中央建筑业企业应收工程款及企业亏损情况

地　区	应收工程款（万元）	企业个数（个）	#亏损企业个数	亏损企业的比重（%）
全国总计	**138899733**	**1438**	**120**	**8.3**
北　京	24689548	156	21	13.5
天　津	7587258	67	3	4.5
河　北	2592498	53	5	9.4
山　西	5713648	49	3	6.1
内蒙古	458794	6		
辽　宁	3372656	73	15	20.5
吉　林	556966	32	3	9.4
黑龙江	585569	15	3	20.0
上　海	8079419	57	3	5.3
江　苏	4513896	51	4	7.8
浙　江	915459	27	2	7.4
安　徽	5874449	36		
福　建	1421075	38		
江　西	1883125	25	2	8.0
山　东	5802956	76	6	7.9
河　南	6830180	64	5	7.8
湖　北	16194455	78	3	3.8
湖　南	5516906	37	2	5.4
广　东	14213435	144	9	6.3
广　西	997796	36	3	8.3
海　南	51772	9		
重　庆	2953376	37	2	5.4
四　川	3535650	46	6	13.0
贵　州	3258350	23	4	17.4
云　南	1528732	26	3	11.5
西　藏	68327	8		
陕　西	6898628	82	2	2.4
甘　肃	683594	18		
青　海	536576	10	1	10.0
宁　夏	86773	8		
新　疆	1497868	51	10	19.6

3-15 各地区中央建筑业企业主要经济效益指标

地　　区	产值利润率 (%)	产值利税率 (%)	资本利润率 (%)	资本利税率 (%)	人均利润 (元/人)	人均利税 (元/人)	资产负债率 (%)
全国总计	**3.4**	**4.7**	**24.5**	**34.3**	**29416**	**41165**	**75.6**
北　京	9.7	11.3	30.1	34.9	69539	80564	62.8
天　津	2.6	3.7	15.1	21.5	27236	38752	78.2
河　北	2.1	3.6	15.5	26.4	28633	48749	82.0
山　西	2.2	3.3	15.5	23.4	11259	17009	85.4
内蒙古	1.3	1.9	25.8	38.4	12126	18033	88.6
辽　宁	-0.1	1.4	-0.9	9.4	-1502	15619	86.4
吉　林	1.3	4.5	9.0	30.6	15658	53314	83.2
黑龙江	-21.2	-17.8	-72.6	-61.0	-114315	-96047	108.4
上　海	3.3	5.2	23.5	36.4	37473	58056	77.5
江　苏	3.0	4.9	37.5	60.2	21795	34955	80.6
浙　江	3.4	5.1	16.8	25.2	27421	41165	77.8
安　徽	3.1	4.5	39.6	56.9	40760	58531	82.4
福　建	1.6	2.5	26.2	41.6	6365	10135	78.8
江　西	1.0	2.0	11.5	23.8	15799	32669	92.4
山　东	3.1	4.5	29.5	42.2	28155	40294	82.5
河　南	1.7	2.5	20.7	30.4	16028	23521	82.1
湖　北	3.4	4.9	38.7	56.8	42768	62779	77.6
湖　南	2.1	3.5	22.5	37.2	17742	29258	79.5
广　东	2.3	3.4	22.9	32.7	19396	27787	80.0
广　西	4.4	5.7	28.8	37.3	37185	48272	78.8
海　南	5.5	8.0	4.5	6.6	25815	37521	46.4
重　庆	1.8	3.0	17.7	29.9	16641	28029	81.6
四　川	2.6	4.1	19.0	29.9	26097	41070	83.0
贵　州	1.5	2.1	10.9	15.4	9854	13989	87.2
云　南	1.6	3.1	17.5	33.7	11155	21497	78.7
西　藏	5.2	11.2	7.4	15.9	125336	268530	66.7
陕　西	2.3	3.4	19.2	28.8	17867	26753	79.8
甘　肃	2.4	4.7	10.1	20.0	24707	48795	83.0
青　海	3.6	5.0	30.1	41.7	54597	75596	75.1
宁　夏	0.5	2.5	4.7	22.7	6156	29818	83.5
新　疆	3.1	4.5	19.2	27.8	16999	24579	82.5

3-16 各地区地方建筑业企业签订合同情况

单位：万元

地区	签订合同额	上年结转合同额	本年新签合同额
全国总计	**4510857659**	**2073287095**	**2437570564**
北京	126052907	71903748	54149159
天津	29343620	14556435	14787185
河北	102497551	47834483	54663069
山西	84069838	31780123	52289714
内蒙古	21231646	10059688	11171958
辽宁	39580575	14897929	24682646
吉林	37431596	17217639	20213957
黑龙江	27705002	13695049	14009953
上海	149358409	87481541	61876867
江苏	542550197	231474391	311075806
浙江	467043024	244748457	222294567
安徽	157565914	62616502	94949412
福建	260738905	111796867	148942038
江西	148885949	50613861	98272088
山东	251601490	102889992	148711498
河南	171488417	70829215	100659202
湖北	208020696	84249032	123771664
湖南	173529838	72021290	101508548
广东	376669905	205950373	170719532
广西	123052123	57188947	65863176
海南	13079096	8391469	4687627
重庆	123598495	51635836	71962659
四川	398299124	198177258	200121866
贵州	91532456	52857534	38674922
云南	126015814	50785861	75229953
西藏	3868751	2455908	1412842
陕西	132494455	48982547	83511907
甘肃	47701548	20531988	27169560
青海	8070755	4848087	3222668
宁夏	11466981	5153372	6313609
新疆	56312586	25661675	30650912

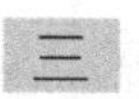

3-17 各地区地方建筑业企业承包工程完成情况

单位：万元

地　区	直接从建设单位承揽工程完成的产值			从建设单位以外承揽工程完成的产值
		自行完成施工产值	分包出去工程的产值	
全国总计	**2302719931**	**2241116488**	**61603443**	**156381254**
北　京	45859800	42579573	3280227	8278431
天　津	13977387	12413431	1563957	3181073
河　北	50942400	50498892	443508	1484231
山　西	40787962	40363249	424714	2405246
内蒙古	9614765	9548302	66463	157625
辽　宁	24293325	23916807	376518	973723
吉　林	16830640	16768696	61944	871897
黑龙江	12579542	12510123	69419	195242
上　海	54880046	39234906	15645140	10712023
江　苏	351322800	349953391	1369409	32272750
浙　江	226625355	221956463	4668892	13267482
安　徽	81928002	81363756	564246	10232641
福　建	144329169	143942267	386902	6507832
江　西	95805566	94338198	1467368	5113414
山　东	136957663	132463192	4494471	5612540
河　南	96429787	95395298	1034489	3222542
湖　北	119966147	118574770	1391377	5001765
湖　南	108605289	107558649	1046640	3486884
广　东	151654893	139670304	11984589	13402286
广　西	60943523	60554897	388626	2688250
海　南	4312523	4288515	24008	96462
重　庆	78943867	77560072	1383796	4975783
四　川	156897254	149165355	7731898	10275746
贵　州	30032993	29841856	191138	699814
云　南	69409461	69121621	287841	5724070
西　藏	1825448	1804371	21077	42941
陕　西	60107120	59576026	531094	4443845
甘　肃	22150106	21921491	228615	428233
青　海	3063876	3031916	31960	23512
宁　夏	6307277	6184953	122324	62694
新　疆	25335946	25015152	320794	540280

3-18 各地区地方企业建筑业总产值和竣工产值

单位：万元

地区	建筑业总产值	#装饰装修产值	#在外省完成的产值	按构成分组			竣工产值
				建筑工程产值	安装工程产值	其他产值	
全国总计	**2397497742**	**116975439**	**592518553**	**2109655315**	**202494839**	**85347588**	**1152505032**
北京	50858004	8859837	22314176	47842168	2431577	584259	29984573
天津	15594504	610688	4696882	12134396	2475650	984458	5950776
河北	51983123	1613344	10826076	43641459	4916247	3425417	21422145
山西	42768494	1396283	6861790	37209049	4370099	1189347	16297597
内蒙古	9705927	152170	1443220	8361814	772510	571602	3809879
辽宁	24890530	1075220	4282721	19755759	3778134	1356637	10697890
吉林	17640592	502372	2380229	14952897	1867093	820603	8586979
黑龙江	12705365	174667	1610694	10922490	970012	812863	4623090
上海	49946929	6375411	20847760	40018063	8413909	1514958	29761919
江苏	382226141	21645148	164285105	356571866	23100919	2553356	260992672
浙江	235223945	16500081	59579828	208080841	21496518	5646587	129465108
安徽	91596397	2815467	13927007	77023030	6785422	7787945	36004727
福建	150450099	4473867	73420510	138878940	8505633	3065526	62928154
江西	99451612	4000610	27679204	86931350	5918240	6602022	43578001
山东	138075731	8006645	19520193	113329523	19257729	5488479	62523627
河南	98617840	2675930	12843196	84929900	9790567	3897373	44114134
湖北	123576535	5367714	21570099	107907257	11536408	4132871	53113373
湖南	111045533	3208411	22305769	92390713	11492134	7162686	51770552
广东	153072590	13857739	24997697	132758234	15198539	5115817	59849475
广西	63243147	1376902	8679664	55479711	3967317	3796120	31718770
海南	4384977	175343	184860	3731291	328819	324868	1883081
重庆	82535854	2987287	16333289	73575304	5837762	3122788	36177075
四川	159441101	3737958	28476705	140334615	12832883	6273603	69326795
贵州	30541670	753320	5215676	26858258	2033722	1649690	8641151
云南	74845691	963600	3003181	67566787	4553452	2725452	25351871
西藏	1847311	11585	54380	1709410	80277	57624	660659
陕西	64019871	3123092	9793787	54731503	6298006	2990362	21796451
甘肃	22349724	231174	2045734	19625921	1759385	964418	8091783
青海	3055428	40334	259671	2773074	237433	44921	891850
宁夏	6247647	32366	590314	5835532	292432	119683	2669655
新疆	25555431	230873	2489138	23794163	1196014	565255	9821226

3-19 各地区地方建筑业企业房屋建筑面积

地　区	房屋施工面积（万平方米）	#本年新开工	房屋竣工面积（万平方米）	房屋竣工率（%）
全国总计	**1223192**	**360727**	**350589**	**28.7**
北　京	24416	4481	3928	16.1
天　津	6042	1012	1498	24.8
河　北	30956	8481	6805	22.0
山　西	18878	5241	3840	20.3
内蒙古	3441	1044	1040	30.2
辽　宁	9755	2661	3212	32.9
吉　林	6651	1732	1834	27.6
黑龙江	3792	1407	1055	27.8
上　海	31932	6745	5755	18.0
江　苏	264556	72852	73459	27.8
浙　江	171202	45231	44398	26.2
安　徽	39853	14597	13759	34.5
福　建	75522	21551	18940	25.1
江　西	35792	15169	14586	40.8
山　东	78582	24527	21273	27.1
河　南	41197	14332	15369	37.3
湖　北	46948	20681	20475	43.6
湖　南	48137	19334	18565	38.6
广　东	71455	18050	19597	27.4
广　西	26427	6398	8301	31.4
海　南	1838	392	432	23.5
重　庆	31064	9220	11122	35.8
四　川	68461	19903	20972	30.6
贵　州	13899	3237	3012	21.7
云　南	17276	5674	5911	34.2
西　藏	242	110	114	47.0
陕　西	30935	8153	6016	19.4
甘　肃	11220	3061	1993	17.8
青　海	772	198	168	21.7
宁　夏	1745	820	555	31.8
新　疆	10204	4433	2106	20.6

3-20 各地区按主要用途分的地方建筑业企业房屋竣工面积

单位：万平方米

地　区	总计	住宅房屋	商业及服务用房屋	办公用房　屋	科研、教育和医疗用房屋
全国总计	**350589**	**226553**	**20970**	**11986**	**16226**
北　京	3928	2584	405	187	225
天　津	1498	889	98	39	78
河　北	6805	4755	290	188	470
山　西	3840	2479	289	133	400
内蒙古	1040	812	48	11	39
辽　宁	3212	2207	157	50	76
吉　林	1834	1232	65	69	28
黑龙江	1055	734	42	22	44
上　海	5755	3278	438	281	517
江　苏	73459	51589	2421	2186	1900
浙　江	44898	25152	2977	1389	1493
安　徽	13759	7744	769	414	523
福　建	18940	13104	1104	662	562
江　西	14586	8288	1048	903	801
山　东	21273	14048	1187	763	1421
河　南	15369	11010	705	634	774
湖　北	20475	13807	1541	659	1011
湖　南	18565	12536	1336	735	1170
广　东	19597	10992	1378	545	1026
广　西	8301	4434	772	368	826
海　南	432	286	12	14	35
重　庆	11122	7836	857	344	318
四　川	20972	14492	1541	564	998
贵　州	3012	1984	216	63	192
云　南	5911	3491	497	315	427
西　藏	114	56	6	4	1
陕　西	6016	3929	409	277	493
甘　肃	1993	1401	197	54	126
青　海	168	79	15	27	7
宁　夏	555	311	31	6	48
新　疆	2106	1014	120	80	198

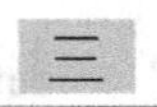

3-20 续表 单位：万平方米

地　区	文化、体育和娱乐用房屋	厂房及建筑物	仓　库	其他未列明的房屋建筑物
全国总计	**3702**	**57458**	**2563**	**11130**
北　京	59	268	6	193
天　津	7	232	14	140
河　北	60	792	30	221
山　西	54	363	13	108
内蒙古	19	75	3	34
辽　宁	6	587	11	119
吉　林	30	355	6	49
黑龙江	3	76	4	131
上　海	43	933	116	147
江　苏	808	12998	570	987
浙　江	457	11843	417	1170
安　徽	142	3567	113	486
福　建	88	3001	89	329
江　西	179	2528	163	677
山　东	157	2882	116	700
河　南	182	1490	81	493
湖　北	330	2415	152	561
湖　南	224	1939	118	508
广　东	163	4423	151	919
广　西	137	1122	101	542
海　南	9	29	17	29
重　庆	59	1149	33	526
四　川	199	2234	87	856
贵　州	20	294	39	205
云　南	107	591	43	439
西　藏	1	29		18
陕　西	116	559	14	218
甘　肃	13	129	4	68
青　海	2	13	2	24
宁　夏	5	84	6	64
新　疆	26	460	41	168

3-21 各地区按主要用途分的地方建筑业企业房屋竣工价值

单位：万元

地　区	总计	住宅房屋	商业及服务用房屋	办公用房屋	科研、教育和医疗用房屋
全国总计	**694805628**	**436950878**	**43069132**	**27182305**	**47081848**
北　京	13230512	7498446	1316924	795577	1405873
天　津	2697244	1703213	169345	65243	198185
河　北	12898937	8554915	639553	308115	1231829
山　西	8066852	4495858	713063	295759	992306
内蒙古	1988947	1525174	94900	26112	100371
辽　宁	5251937	3628582	267745	87404	140984
吉　林	3298290	2043294	110172	162180	96856
黑龙江	1462416	881253	55098	95194	155887
上　海	16023007	8349127	1331614	865505	1905558
江　苏	165142091	115614239	5942297	5901331	5978341
浙　江	89029907	51847505	7055548	3145318	4656265
安　徽	21290547	12458223	1140557	643441	1015287
福　建	39756815	28366667	2266424	1349695	1560807
江　西	26134190	14311512	1799977	2394516	1699657
山　东	40895198	25732146	2744458	1663209	3661168
河　南	22633184	16216105	932979	1023079	1343259
湖　北	34126460	22327170	2912986	1062252	1961075
湖　南	30627589	19438956	2330840	1242787	2369699
广　东	40381056	19620995	2282140	1305380	3217428
广　西	17077206	8713430	1297547	884656	1888473
海　南	1116207	764126	24904	36904	138186
重　庆	19102386	13119804	1593444	597849	826536
四　川	41188497	26076856	2663624	1318372	5776943
贵　州	5627477	3459094	391787	162217	453269
云　南	11931238	6682106	1149072	661144	1214927
西　藏	242969	147168	14002	9903	1501
陕　西	13631065	7761699	876717	730109	1952615
甘　肃	4452096	3073890	537226	112299	382553
青　海	354982	152255	47461	75608	17009
宁　夏	1092971	612525	48574	12251	114246
新　疆	4053355	1774544	318157	148898	624754

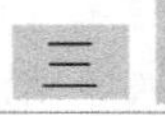

3-21 续表 单位：万元

地区	文化、体育和娱乐用房屋	厂房及建筑物	仓库	其他未列明的房屋建筑物
全国总计	**14904280**	**98813730**	**5392901**	**21410554**
北京	396959	868867	34401	913465
天津	15304	309788	6527	229642
河北	229070	1388066	59394	487995
山西	242468	751451	425311	150637
内蒙古	36654	168338	7171	30228
辽宁	28616	876201	22764	199641
吉林	73096	718439	12891	81362
黑龙江	9769	115070	2156	147990
上海	151978	2454593	315066	649566
江苏	2324268	26090680	1187192	2103745
浙江	1564776	17686119	841887	2232489
安徽	259784	5028563	142258	602435
福建	307365	5230539	173425	501893
江西	361603	4233421	279251	1054253
山东	334481	4611394	224860	1923483
河南	224252	2054686	123415	715410
湖北	839881	3795487	282863	944745
湖南	602632	3612817	178174	851684
广东	5001750	7066414	351147	1535802
广西	380241	2108722	200123	1604014
海南	12462	53096	8836	77694
重庆	165646	1870098	62863	866146
四川	493466	3196808	161143	1501285
贵州	66172	592109	97582	405248
云南	225651	1219044	73520	705774
西藏	1880	20871	1427	46219
陕西	461788	1420031	27197	400909
甘肃	34316	169210	18110	124490
青海	3008	18786	2267	38586
宁夏	14512	235245	2947	52670
新疆	40436	848776	66734	231057

3-22 各地区地方建筑业企业主要生产效益指标

地区	建筑业企业个数（个）	从事建筑业活动的平均人数（人）	按总产值计算的劳动生产率（元/人）	人均竣工产值（元/人）	人均施工面积（平方米/人）	人均竣工面积（平方米/人）
全国总计	**141771**	**54866525**	**436969**	**210056**	**222.9**	**63.9**
北京	2353	959465	530066	312513	254.5	40.9
天津	2477	506406	307945	117510	119.3	29.6
河北	3525	992888	523555	215756	311.8	68.5
山西	3640	937088	456398	173917	201.5	41.0
内蒙古	1034	202606	479054	188044	169.9	51.3
辽宁	5698	535213	465058	199881	182.3	60.0
吉林	2902	344936	511416	248944	192.8	53.2
黑龙江	2262	344041	369298	134376	110.2	30.7
上海	2282	896357	557221	332032	356.2	64.2
江苏	12987	10111036	378029	258127	261.7	72.7
浙江	9922	5520739	426073	234507	310.1	81.3
安徽	8319	2113073	433475	170390	188.6	65.1
福建	8658	4567544	329389	137772	165.3	41.5
江西	5756	1951741	509553	223278	183.4	74.7
山东	10550	2691151	513073	232330	292.0	79.0
河南	9182	2594027	380173	170060	158.8	59.2
湖北	5847	1956063	631762	271532	240.0	104.7
湖南	3913	2588012	429077	200040	186.0	71.7
广东	9109	3049408	501975	196266	234.3	64.3
广西	2712	1174284	538568	270112	225.1	70.7
海南	316	82977	528457	226940	221.6	52.1
重庆	3720	2153002	383352	168031	144.3	51.7
四川	8682	3828638	416443	181074	178.8	54.8
贵州	2087	691310	441794	124997	201.1	43.6
云南	4169	1577874	474345	160671	109.5	37.5
西藏	402	41230	448050	160238	58.7	27.6
陕西	3904	1220706	524450	178556	253.4	49.3
甘肃	2445	490027	456092	165129	229.0	40.7
青海	407	67997	449347	131160	113.5	24.7
宁夏	721	154367	404727	172942	113.0	36.0
新疆	1790	522319	489269	188031	195.4	40.3

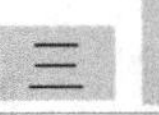

3-23 各地区地方建筑业企业资产构成

单位：万元

地 区	资产总计	#流动资产合计	#存货
全国总计	**2498075561**	**2062867057**	**296745181**
北 京	96885778	78209758	5931468
天 津	35310384	31560674	3766146
河 北	65878234	56102663	10713674
山 西	66019247	48344417	7288231
内蒙古	25041130	20382462	2481663
辽 宁	49209724	41098199	5871073
吉 林	32162314	26719695	3303871
黑龙江	21330349	18346429	2159833
上 海	85804591	75562956	7232426
江 苏	255368550	217521351	44787682
浙 江	194036098	164348800	29949170
安 徽	84556889	68499380	7893794
福 建	84152086	69519747	12122806
江 西	77340522	63488754	10447865
山 东	189111833	160305929	28066783
河 南	101026713	82319695	14241126
湖 北	103617698	85557459	11836660
湖 南	65618513	50888698	7094935
广 东	194478855	171425959	18854426
广 西	48171497	40455221	4407129
海 南	7321846	6411159	977850
重 庆	66867912	53848127	9546981
四 川	179000066	138838595	16788873
贵 州	80374605	66077699	8382563
云 南	88587851	60004969	4584666
西 藏	6132054	4991378	467595
陕 西	90590864	79662493	7516412
甘 肃	45709932	34719120	3754459
青 海	5631564	4600909	604431
宁 夏	8386255	7335374	1113781
新 疆	44351610	35718989	4556812

3-24 各地区地方建筑业企业固定资产情况

单位：万元

地区	固定资产原价	累计折旧	#本年折旧	在建工程
全国总计	**175534058**	**81380969**	**11424241**	**39435968**
北京	4695391	2541853	248280	468232
天津	2447413	1339262	127046	244932
河北	5232372	2626205	323695	1359922
山西	4533831	1990948	290363	1299107
内蒙古	2403307	1217709	174096	384374
辽宁	4858982	2599149	286664	506693
吉林	3257320	1331689	158881	784129
黑龙江	1834859	949525	108173	169927
上海	5254064	2952445	309911	332416
江苏	23802853	11462510	1623064	3505117
浙江	15308091	7189299	926896	2394007
安徽	5903502	2568059	460776	960646
福建	7254771	3542217	542812	780269
江西	5017136	1966899	335012	1839485
山东	14367614	6381424	1022389	2086901
河南	9729678	3953545	584644	1508261
湖北	8252577	3889677	502561	4031124
湖南	6843557	3397570	365239	2044516
广东	8639688	4285885	620036	1661600
广西	2172470	998428	187545	397244
海南	237154	120582	19472	137171
重庆	4175898	1626753	258924	1760053
四川	9580474	4234284	668454	5403062
贵州	1714457	702204	127606	1924988
云南	4737214	2154740	325106	879777
西藏	361671	119522	20152	81431
陕西	4336703	1987641	328558	1081798
甘肃	4034188	1131541	192403	678890
青海	532338	244597	24310	64288
宁夏	725750	351337	52013	39446
新疆	3288737	1523472	209161	626163

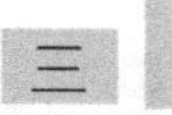

3-25 各地区地方建筑业企业负债及所有者权益

单位：万元

地　　区	负债合计	#流动负债	#应付账款	所有者权益	#实收资本
全国总计	**1768857821**	**1605596117**	**651797523**	**729224148**	**373055089**
北　　京	74323125	67949810	28607947	22562674	11937766
天　　津	27370930	25637751	11017702	7939454	5014519
河　　北	49178527	45298941	20426108	16700514	9992749
山　　西	45877512	40674825	17014556	20141736	9987771
内 蒙 古	17652745	15917247	5643878	7388385	5189940
辽　　宁	34560913	30215606	10323841	14658246	7639526
吉　　林	21889413	20034528	6111101	10272901	5724540
黑 龙 江	15271576	14351936	5558538	6058773	4418891
上　　海	68725436	66209704	31779231	17079155	8913349
江　　苏	148940988	139958809	53596729	106428479	43584938
浙　　江	138461199	132522522	56049151	55574899	29730837
安　　徽	60896476	51971637	19791390	23660989	11165822
福　　建	50182345	43834810	13176616	33969740	17911194
江　　西	52614788	46266680	15340109	24725734	13634797
山　　东	143848233	134261209	55806058	45263599	23845172
河　　南	66052263	58653126	19585832	34974450	20961621
湖　　北	68683772	60132364	30653857	34934147	15296165
湖　　南	41457665	34111685	11596169	24160847	12498667
广　　东	146372395	135833044	51176517	48108558	22104400
广　　西	36501299	32907392	15099856	11670133	6288057
海　　南	5539201	4957192	2027853	1782645	993790
重　　庆	46706151	40987997	16372204	20161761	9218897
四　　川	133848819	114768715	46783188	45151889	23517455
贵　　州	63416765	54017387	19856082	16948997	6113009
云　　南	58933251	54672620	23243741	29654668	20851895
西　　藏	4107993	3612646	1096301	2024061	887454
陕　　西	70115224	66535409	37037807	20475640	11914925
甘　　肃	33262389	29283866	11262050	12447543	5877698
青　　海	3852108	3561309	1385611	1779985	1409487
宁　　夏	6087845	5835958	2544732	2298410	1580865
新　　疆	34126472	30619394	11832720	10225137	4848896

3-26 各地区地方建筑业企业收入情况

单位：万元

地区	主营业务收入	主营业务成本	主营业务税金及附加	其他业务收入	其他业务利润
全国总计	**1981190407**	**1813945228**	**11678684**	**44429119**	**1520755**
北京	58504437	53418517	147206	805771	106919
天津	17127623	15500239	67024	977506	26189
河北	42394035	39407372	198206	1458788	36356
山西	40763721	37051252	149911	860306	46175
内蒙古	10722498	9736227	52359	472061	28447
辽宁	22862156	20640050	100037	1844434	24580
吉林	15481638	14013404	89870	599063	-13018
黑龙江	13284670	12224365	68813	433120	12033
上海	63189176	58317842	166337	355665	77484
江苏	319420130	292937423	1885486	1962625	214737
浙江	198887843	186032944	723186	2054256	212063
安徽	70935612	64820248	387997	2129883	58437
福建	112293368	102608347	993715	2504295	29572
江西	63214898	57855318	519821	3602599	58104
山东	128710269	117140567	632120	3782811	133918
河南	66079960	59808250	496489	884536	74184
湖北	98029810	89122490	791224	2077957	18669
湖南	85033708	76722398	1155197	2849474	23504
广东	150152322	138378993	564715	1852411	104781
广西	37830097	34262603	157621	1769195	21082
海南	4474954	4161881	14301	169721	4721
重庆	65485652	59134472	649906	1287564	30643
四川	117815073	107460492	654269	4406445	83377
贵州	21278791	19513711	119491	1676082	18674
云南	42620999	38620133	280007	1248687	24576
西藏	2116884	1909816	9121	52812	-707
陕西	55539103	50535918	316291	1072400	28449
甘肃	22269848	20593149	120226	716982	15435
青海	3021596	2764845	11523	113352	147
宁夏	6225653	5752438	28073	194952	2336
新疆	25423886	23499526	128144	213367	18889

3-27 各地区地方建筑业企业费用情况

单位：万元

地区	管理费用	销售费用	研发费用	财务费用	#利息收入	#利息支出
全国总计	**70177059**	**6762634**	**16808907**	**13106764**	**2827499**	**10332553**
北京	2551366	492655	1126585	338704	278956	489715
天津	1071215	132447	158377	138180	22097	102707
河北	1634015	61737	305522	361370	40227	265636
山西	1652537	89439	875394	389022	168529	474403
内蒙古	596603	10886	79374	69721	6524	57672
辽宁	1552186	84628	125242	192456	17113	106491
吉林	774711	33669	63723	200231	6437	151310
黑龙江	583166	23886	93873	59567	33962	58612
上海	2207848	234077	1409710	174211	114158	162743
江苏	9075672	1024361	790078	1754650	240978	1064617
浙江	6131573	514287	1646827	875355	229921	811943
安徽	2658691	376137	653098	553253	142769	375187
福建	3937855	375404	429635	350788	45018	229198
江西	2148009	195164	381858	424052	52332	284244
山东	5157806	333091	1474886	1152919	163761	817341
河南	2728856	276832	510111	612728	29135	396001
湖北	3115063	491047	747165	552872	87242	365327
湖南	3010411	358595	1103939	487794	102794	362510
广东	5293827	386416	2041376	971868	114632	676765
广西	1372930	50416	389478	228158	37911	161257
海南	152082	6411	18202	17332	518	12140
重庆	2318441	302582	172313	513307	27304	306596
四川	4030811	497427	1152213	935578	264076	930793
贵州	841734	34136	89943	436138	37836	179592
云南	1569046	145166	129548	526731	161967	599153
西藏	124061	3590	3318	18758	2359	7486
陕西	1776561	138038	593389	236978	189344	360264
甘肃	822870	46952	119384	248461	168701	288020
青海	140033	2662	24328	17184	-767	14938
宁夏	268469	9061	18580	24688	1309	21001
新疆	878613	31437	81439	243710	40357	198893

3-28 各地区地方建筑业企业利润及税金情况

单位：万元

地区	利润总额	所得税费用	税金总额	主营业务税金及附加	应交增值税
全国总计	**60659740**	**12135378**	**60720885**	**11678684**	**49042201**
北京	1038506	148662	1281695	147206	1134489
天津	222062	63323	527161	67024	460137
河北	514680	199940	1177810	198206	979604
山西	1036160	135011	1334810	149911	1184899
内蒙古	392756	69224	368613	52359	316254
辽宁	357764	103871	736887	100037	636850
吉林	415920	97913	551725	89870	461855
黑龙江	289456	59481	501907	68813	433094
上海	1056975	191888	1342740	166337	1176403
江苏	12774055	2686142	9310239	1885486	7424752
浙江	3996441	894823	5094519	723186	4371334
安徽	1989283	335927	2211062	387997	1823065
福建	4380524	903368	3686295	993715	2692580
江西	2535428	497417	2143179	519821	1623358
山东	3661409	704903	3826197	632120	3194077
河南	2413745	477384	2532888	496489	2036399
湖北	4021079	816994	3766849	791224	2975625
湖南	2785357	477177	3250018	1155197	2094821
广东	3309799	710915	4071390	564715	3506675
广西	1070723	184557	1005006	157621	847385
海南	135358	35900	163057	14301	148755
重庆	2747419	445623	2589702	649906	1939796
四川	3865739	746404	3379531	654269	2725262
贵州	491414	147486	852230	119491	732739
云南	1811929	373682	1365049	280007	1085042
西藏	77442	7914	62776	9121	53654
陕西	1935599	325500	1552811	316291	1236521
甘肃	629643	126107	900557	120226	780331
青海	79350	14056	109221	11523	97697
宁夏	124536	26957	207923	28073	179850
新疆	499190	126828	817043	128144	688899

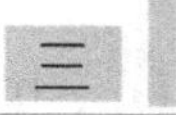

3–29 各地区地方建筑业企业应收工程款及企业亏损情况

地　区	应收工程款（万元）	企业个数（个）	#亏损企业个数	亏损企业的比重（%）
全国总计	**557027526**	**141771**	**31831**	**22.5**
北　京	22465139	2353	726	30.9
天　津	8579351	2477	752	30.4
河　北	15278485	3525	834	23.7
山　西	15321036	3640	921	25.3
内蒙古	5903981	1034	306	29.6
辽　宁	11355411	5698	1882	33.0
吉　林	8410960	2902	755	26.0
黑龙江	4854901	2262	632	27.9
上　海	17276868	2282	670	29.4
江　苏	60727154	12987	1732	13.3
浙　江	41391045	9922	2952	29.8
安　徽	21511560	8319	1624	19.5
福　建	17285582	8658	1336	15.4
江　西	13951892	5756	700	12.2
山　东	46671592	10550	2796	26.5
河　南	23359182	9182	1813	19.7
湖　北	25884875	5847	887	15.2
湖　南	12988573	3913	570	14.6
广　东	41004369	9109	2149	23.6
广　西	10144644	2712	954	35.2
海　南	1453869	316	81	25.6
重　庆	14729050	3720	713	19.2
四　川	29539695	8682	1260	14.5
贵　州	12667867	2087	709	34.0
云　南	21314741	4169	1387	33.3
西　藏	940784	402	83	20.6
陕　西	29412964	3904	829	21.2
甘　肃	9669487	2445	693	28.3
青　海	1060752	407	142	34.9
宁　夏	2606291	721	254	35.2
新　疆	9265430	1790	689	38.5

3-30 各地区地方建筑业企业主要经济效益指标

地　区	产值利润率(%)	产值利税率(%)	资本利润率(%)	资本利税率(%)	人均利润(元/人)	人均利税(元/人)	资产负债率(%)
全国总计	**2.5**	**5.1**	**16.3**	**32.5**	**11056**	**22123**	**70.8**
北　京	2.0	4.6	8.7	19.4	10824	24182	76.7
天　津	1.4	4.8	4.4	14.9	4385	14795	77.5
河　北	1.0	3.3	5.2	16.9	5184	17046	74.7
山　西	2.4	5.5	10.4	23.7	11057	25301	69.5
内蒙古	4.0	7.8	7.6	14.7	19385	37579	70.5
辽　宁	1.4	4.4	4.7	14.3	6685	20453	70.2
吉　林	2.4	5.5	7.3	16.9	12058	28053	68.1
黑龙江	2.3	6.2	6.6	17.9	8413	23002	71.6
上　海	2.1	4.8	11.9	26.9	11792	26772	80.1
江　苏	3.3	5.8	29.3	50.7	12634	21842	58.3
浙　江	1.7	3.9	13.4	30.6	7239	16467	71.4
安　徽	2.2	4.6	17.8	37.6	9414	19878	72.0
福　建	2.9	5.4	24.5	45.0	9591	17661	59.6
江　西	2.5	4.7	18.6	34.3	12991	23971	68.0
山　东	2.7	5.4	15.4	31.4	13605	27823	76.1
河　南	2.4	5.0	11.5	23.6	9305	19069	65.4
湖　北	3.3	6.3	26.3	50.9	20557	39814	66.3
湖　南	2.5	5.4	22.3	48.3	10763	23321	63.2
广　东	2.2	4.8	15.0	33.4	10854	24205	75.3
广　西	1.7	3.3	17.0	33.0	9118	17677	75.8
海　南	3.1	6.8	13.6	30.0	16313	35964	75.7
重　庆	3.3	6.5	29.8	57.9	12761	24789	69.8
四　川	2.4	4.5	16.4	30.8	10097	18924	74.8
贵　州	1.6	4.4	8.0	22.0	7108	19436	78.9
云　南	2.4	4.2	8.7	15.2	11483	20135	66.5
西　藏	4.2	7.6	8.7	15.8	18783	34009	67.0
陕　西	3.0	5.4	16.2	29.3	15856	28577	77.4
甘　肃	2.8	6.8	10.7	26.0	12849	31227	72.8
青　海	2.6	6.2	5.6	13.4	11670	27732	68.4
宁　夏	2.0	5.3	7.9	21.0	8068	21537	72.6
新　疆	2.0	5.2	10.3	27.1	9557	25200	76.9

四、按资质等级分组的建筑业企业

4-1 各地区总承包建筑业企业签订合同情况

单位：万元

地 区	签订合同额	上年结转合同额	本年新签合同额
全国总计	**6666387241**	**3307771419**	**3358615822**
北 京	468931290	278530561	190400729
天 津	152896130	77181354	75714776
河 北	168293384	81515366	86778018
山 西	135815566	59711467	76104099
内蒙古	39946996	22530935	17416061
辽 宁	70273130	30195639	40077491
吉 林	39568203	19276445	20291758
黑龙江	29853155	15210773	14642382
上 海	346840463	195516333	151324130
江 苏	565945232	259133248	306811984
浙 江	438431948	236350731	202081217
安 徽	221752553	94576144	127176409
福 建	285796520	133101417	152695103
江 西	162966202	60148301	102817901
山 东	356805722	160165900	196639822
河 南	269501074	129170183	140330891
湖 北	550282680	270918071	279364608
湖 南	298597093	152977397	145619696
广 东	607157820	324070850	283086970
广 西	144514697	68226732	76287964
海 南	13270342	8376183	4894159
重 庆	160771901	74819893	85952009
四 川	458051429	233799528	224251901
贵 州	132864155	76806094	56058060
云 南	148319460	67503651	80815809
西 藏	4240738	2763653	1477086
陕 西	234189055	99032477	135156578
甘 肃	56901237	25635345	31265893
青 海	17554478	10342322	7212156
宁 夏	13139990	5520418	7619572
新 疆	72914599	34664010	38250589

4-2 各地区总承包建筑业企业承包工程完成情况

单位：万元

地　区	直接从建设单位承揽工程完成的产值	自行完成施工产值	分包出去工程的产值	从建设单位以外承揽工程完成的产值
全国总计	**2716290003**	**2595208139**	**121081864**	**193628674**
北　京	133261138	104555532	28705605	19084657
天　津	42945299	36486386	6458913	2799657
河　北	63627993	62631637	996356	2787971
山　西	55870325	55144974	725351	2755149
内蒙古	12767583	12706623	60960	182707
辽　宁	31015705	30203439	812266	2628581
吉　林	16425973	16368172	57801	1815437
黑龙江	13148264	12952097	196167	158040
上　海	92741677	70121845	22619832	12914687
江　苏	341290179	339652396	1637783	25098939
浙　江	206033641	200616561	5417080	9851143
安　徽	92826953	91508513	1318440	12058560
福　建	146412709	146084794	327915	8808025
江　西	96562889	95376527	1186362	4912228
山　东	159527880	148332404	11195476	9198714
河　南	116396378	115506521	889857	3003962
湖　北	189488569	187263001	2225568	8757448
湖　南	130653780	129754336	899444	4746143
广　东	191200855	170659590	20541265	21523333
广　西	67073355	65039903	2033452	4211347
海　南	4166847	4153173	13674	51268
重　庆	84513463	83007182	1506281	6696499
四　川	164418412	156392259	8026153	9908513
贵　州	40055677	39889090	166587	954788
云　南	70812080	70612737	199343	6070514
西　藏	1931261	1897664	33597	89508
陕　西	84399897	83451165	948731	11450132
甘　肃	24396589	23211039	1185550	391860
青　海	5378560	5248852	129708	70916
宁　夏	7023108	6898425	124683	61016
新　疆	29922965	29481300	441665	586935

4-3 各地区总承包企业建筑业总产值和竣工产值

单位：万元

地　区	建筑业总产值	#装饰装修产值	#在外省完成的产值	按构成分组 建筑工程产值	安装工程产值	其他产值	竣工产值
全国总计	**2788836813**	**60253358**	**974441147**	**2513611973**	**193921989**	**81302851**	**1238131552**
北　京	123640189	6173717	92672208	117175901	5355944	1108344	62128920
天　津	39286043	143109	29467503	35970119	2502211	813712	14165719
河　北	65419608	1057722	23109479	53396640	7515728	4507240	25246831
山　西	57900123	1480064	21280393	52149995	4723834	1026293	16984983
内蒙古	12889330	215885	4535166	11687236	657055	545039	4056283
辽　宁	32832019	349628	12512120	27951400	3491117	1389503	11848215
吉　林	18183609	213237	3615790	15840709	1408249	934652	7443186
黑龙江	13110137	57627	2030063	10818883	1539817	751437	4762190
上　海	83036532	3880477	53376760	71503616	9447250	2085666	38837182
江　苏	364751335	6606011	163567799	344432971	18048107	2270258	239309638
浙　江	210467703	7476023	55783585	190770855	15064113	4632736	119297577
安　徽	103567073	1513251	27538917	91792343	5624960	6149770	39381776
福　建	154892819	2454563	75007008	145135519	7169519	2587781	63786973
江　西	100288755	1805126	30352041	87434307	6065415	6789033	41895482
山　东	157531118	4223518	36283348	133321240	19319467	4890411	64033813
河　南	118510483	1534556	31509222	105462146	9429839	3618498	47166574
湖　北	196020449	4153786	84386501	177451426	14438003	4131020	77734791
湖　南	134500479	2409128	45293359	117150594	10482329	6867557	62279950
广　东	192182923	4533765	43084680	176293694	11796641	4092588	63693430
广　西	69251251	1188202	12426491	61352461	3866492	4032298	32466110
海　南	4204441	97525	247020	3722133	157525	324783	1943991
重　庆	89703681	1684269	23592006	82405136	4725218	2573327	39812244
四　川	166300772	2636318	35351634	148733281	11295890	6271601	72111816
贵　州	40843878	811255	13914694	35110242	4160153	1573484	10236708
云　南	76683251	666694	6341813	70652571	3658401	2372279	23941477
西　藏	1987172	8266	54380	1802599	127945	56628	699095
陕　西	94901298	2491805	36153151	84041736	7596924	3262637	29176879
甘　肃	23602899	183036	3278490	20809371	1856465	937063	7833957
青　海	5319768	37208	2277576	4881816	333009	104942	1894355
宁　夏	6959441	26511	1131372	6203570	619448	136424	2956917
新　疆	30068235	141076	4266579	28157465	1444918	465852	11004491

4–4 各地区总承包建筑业企业房屋建筑面积

地　区	房　屋 施工面积 (万平方米)	#本年新开工	房　屋 竣工面积 (万平方米)	房屋竣工率 (%)
全国总计	**1516199**	**418831**	**387138**	**25.5**
北　京	89272	16929	13689	15.3
天　津	17422	3323	2264	13.0
河　北	35352	9565	6860	19.4
山　西	22263	6009	5386	24.2
内 蒙 古	7044	1375	1095	15.6
辽　宁	13089	3409	3511	26.8
吉　林	6661	1678	1754	26.3
黑 龙 江	3706	1355	970	26.2
上　海	57732	12240	8544	14.8
江　苏	271720	73003	75095	27.6
浙　江	165677	42703	42740	25.8
安　徽	47104	15323	13626	28.9
福　建	82897	23347	19572	23.6
江　西	36046	14632	14081	39.1
山　东	94591	28990	20945	22.1
河　南	60953	15739	16121	26.4
湖　北	88447	28441	32496	36.7
湖　南	75125	24885	23382	31.1
广　东	102821	29326	23425	22.8
广　西	27310	6495	8437	30.9
海　南	1850	387	444	24.0
重　庆	33224	9969	10573	31.8
四　川	74633	21502	21467	28.8
贵　州	16139	3634	3312	20.5
云　南	17007	5594	5665	33.3
西　藏	262	110	117	44.5
陕　西	39577	9372	6554	16.6
甘　肃	11895	3118	2023	17.0
青　海	963	260	173	18.0
宁　夏	1780	804	548	30.8
新　疆	13637	5317	2270	16.6

4–5 各地区按主要用途分的总承包建筑业企业房屋竣工面积

单位：万平方米

地区	总计	住宅房屋	商业及服务用房屋	办公用房屋	科研、教育和医疗用房屋
全国总计	**387138**	**251887**	**24718**	**13979**	**19839**
北京	13689	9152	1461	679	824
天津	2264	1397	220	54	155
河北	6860	4777	294	165	491
山西	5386	3402	346	149	833
内蒙古	1095	829	48	15	47
辽宁	3511	2472	161	72	108
吉林	1754	1192	58	68	28
黑龙江	970	678	38	22	41
上海	8544	4763	778	341	852
江苏	75095	53372	2332	2303	2020
浙江	42740	24744	2912	1342	1483
安徽	13626	8027	786	430	483
福建	19572	13804	1254	616	558
江西	14081	8042	1017	861	792
山东	20945	14065	1193	1008	1489
河南	16121	11359	975	658	981
湖北	32496	21744	2890	1499	1607
湖南	23382	14996	1703	991	1448
广东	23425	13374	1498	542	1666
广西	8437	4542	781	364	860
海南	444	282	21	14	44
重庆	10573	7342	749	335	352
四川	21467	14829	1502	566	1098
贵州	3312	2125	329	103	201
云南	5665	3326	479	307	416
西藏	117	60	6	4	1
陕西	6554	4278	467	301	530
甘肃	2023	1401	197	54	163
青海	173	84	15	27	7
宁夏	548	311	31	5	42
新疆	2270	1118	128	84	218

4-5 续表 单位：万平方米

地区	文化、体育和娱乐用房屋	厂房及建筑物	仓库	其他未列明的房屋建筑物
全国总计	**4180**	**57088**	**2746**	**12703**
北京	133	918	80	442
天津	3	315	23	98
河北	60	798	30	245
山西	53	360	13	231
内蒙古	23	93	3	38
辽宁	5	562	10	120
吉林	30	338	6	34
黑龙江	1	64	2	124
上海	148	1365	146	151
江苏	835	12731	562	890
浙江	433	10512	401	913
安徽	150	3197	96	457
福建	82	2870	86	301
江西	167	2422	168	612
山东	211	2196	109	673
河南	170	1410	101	467
湖北	383	2776	181	1416
湖南	264	2264	176	1539
广东	226	5163	155	802
广西	136	1115	102	537
海南	9	28	17	29
重庆	51	1183	41	523
四川	312	2229	86	845
贵州	19	291	39	204
云南	95	571	42	430
西藏	1	29		17
陕西	125	596	14	243
甘肃	13	126	4	66
青海	2	13	2	24
宁夏	6	83	6	64
新疆	35	471	49	167

4−6 各地区按主要用途分的总承包建筑业企业房屋竣工价值

单位：万元

地区	总计	住宅房屋	商业及服务用房屋	办公用房屋	科研、教育和医疗用房屋
全国总计	**793805141**	**488105740**	**56330193**	**35926746**	**58014217**
北京	41921086	24832965	4770946	2337799	3847491
天津	5627538	3313586	528882	163193	616117
河北	13207882	8735590	674562	281932	1260666
山西	9537339	5252144	768115	326180	1319822
内蒙古	2094134	1559625	94900	43086	109328
辽宁	6023696	4253952	358440	132035	165543
吉林	3193382	2000274	108355	158578	77440
黑龙江	1437005	859418	52655	95164	155371
上海	24952492	12027617	3301850	1284140	2519919
江苏	166754945	116777306	5914191	6332852	6292963
浙江	86930429	51435420	6981035	3104391	4650216
安徽	23093406	13537360	1604119	651963	1027952
福建	42457053	30584207	2725518	1261177	1600447
江西	25410237	14007255	1750091	2326152	1698985
山东	45091122	27600831	2670683	2872864	4507161
河南	26583229	18051389	1666499	1179526	2054924
湖北	52963242	30266803	5510229	4114767	3646754
湖南	41292932	24155076	3473377	2635665	3227097
广东	48089153	23405252	3492100	1433238	4658202
广西	17547731	8956471	1318045	881958	2021375
海南	1235585	755277	95790	36397	199493
重庆	20737058	13722215	1683000	846256	983483
四川	43711665	27346209	2829340	1392821	6287385
贵州	6338735	3750713	695947	260234	478805
云南	11776057	6616376	1132033	617701	1206429
西藏	246431	152515	13976	9892	1501
陕西	15145711	8280528	1114874	791010	2207847
甘肃	4445912	3073048	536897	111848	388434
青海	373527	170176	47461	74244	18936
宁夏	1101570	612525	48261	11096	108288
新疆	4484858	2013617	368021	158587	675841

4-6 续表 单位：万元

地　区	文化、体育和娱乐用房屋	厂房及建筑物	仓　库	其他未列明的房屋建筑物
全国总计	**17548921**	**105088901**	**6277638**	**26512784**
北　京	952143	2854302	204296	2121144
天　津	26563	676401	77670	225126
河　北	228913	1465140	60106	500973
山　西	242035	956709	425389	246946
内蒙古	42871	199414	7171	37739
辽　宁	27219	862584	20646	203278
吉　林	73096	704250	12859	58528
黑龙江	9603	110633	2047	152115
上　海	718913	3961529	415066	723458
江　苏	2503742	25756953	1168781	2008157
浙　江	1537383	16375036	826297	2020651
安　徽	302455	4781035	120133	1068389
福　建	297620	5362000	169585	456500
江　西	336761	4065691	285326	939975
山　东	715234	4675159	209372	1839818
河　南	313608	2265528	250328	801427
湖　北	1043467	5055199	368848	2957175
湖　南	739332	4533273	448555	2080558
广　东	5157007	7959886	381573	1601896
广　西	379941	2169538	204401	1616002
海　南	12454	50401	8098	77676
重　庆	157682	2134998	90865	1118558
四　川	827456	3374534	162456	1491464
贵　州	65434	586287	97582	403733
云　南	215239	1190586	72633	725060
西　藏	1880	20852	1427	44387
陕　西	495009	1675854	26887	553702
甘　肃	33900	162816	18110	120859
青　海	3008	19163	2267	38272
宁　夏	26217	239566	2947	52670
新　疆	62737	843588	135919	226548

4-7 各地区总承包建筑业企业主要生产效益指标

地　区	建筑业企业个数（个）	从事建筑业活动的平均人数（人）	按总产值计算的劳动生产率（元/人）	人均竣工产值（元/人）	人均施工面积（平方米/人）	人均竣工面积（平方米/人）
全国总计	**102923**	**55608107**	**501516**	**222653**	**272.7**	**69.6**
北　京	920	1815259	681116	342259	491.8	75.4
天　津	883	475846	825604	297695	366.1	47.6
河　北	2824	1049129	623561	240646	337.0	65.4
山　西	2449	1192073	485710	142483	186.8	45.2
内蒙古	919	229825	560832	176494	306.5	47.7
辽　宁	3322	522899	627885	226587	250.3	67.1
吉　林	2034	307729	590897	241875	216.5	57.0
黑龙江	1769	337459	388496	141119	109.8	28.7
上　海	1303	1101760	753672	352501	524.0	77.5
江　苏	8572	9242398	394650	258926	294.0	81.3
浙　江	7344	4981245	422520	239493	332.6	85.8
安　徽	6560	1981750	522604	198722	237.7	68.8
福　建	6480	4591442	337351	138926	180.5	42.6
江　西	5022	1885683	531843	222177	191.2	74.7
山　东	7273	2712639	580730	236057	348.7	77.2
河　南	6161	2600798	455670	181354	234.4	62.0
湖　北	4408	2416327	811233	321706	366.0	134.5
湖　南	3104	2739859	490903	227311	274.2	85.3
广　东	5490	3207145	599234	198599	320.6	73.0
广　西	2367	1222235	566595	265629	223.4	69.0
海　南	243	82059	512368	236902	225.5	54.1
重　庆	2664	1928134	465236	206481	172.3	54.8
四　川	7260	3708502	448431	194450	201.2	57.9
贵　州	1780	829024	492674	123479	194.7	39.9
云　南	3411	1536741	498999	155794	110.7	36.9
西　藏	389	40690	488369	171810	64.4	28.6
陕　西	3248	1547559	613232	188535	255.7	42.3
甘　肃	2161	489368	482314	160083	243.1	41.3
青　海	340	76068	699344	249034	126.5	22.8
宁　夏	614	155603	447256	190030	114.4	35.2
新　疆	1609	600859	500421	183146	227.0	37.8

4-8 各地区总承包建筑业企业资产构成

单位：万元

地　区	资产总计	#流动资产合计	#存货
全国总计	**3136346680**	**2436672132**	**291890338**
北　京	347042983	193454120	6832340
天　津	72957891	56906140	4025539
河　北	79473432	67610802	11169195
山　西	92139081	68198692	7733683
内蒙古	26397253	21702217	2973322
辽　宁	55821552	47051342	5518174
吉　林	31586492	26065903	3193204
黑龙江	23375261	20277923	2437893
上　海	131966929	106358491	6776022
江　苏	235467832	201184984	41438537
浙　江	170345778	144163275	26588623
安　徽	98024624	77272134	6850025
福　建	84025808	68857217	11472849
江　西	79958206	66559492	10076282
山　东	207303543	172958787	26342447
河　南	116215052	94629619	13717275
湖　北	197504245	147013810	18671698
湖　南	91122706	67992169	7193982
广　东	237853630	193832027	16656947
广　西	55328462	45010501	4411900
海　南	7322800	6369321	927932
重　庆	71889039	56256988	8702412
四　川	190273909	146579044	16291572
贵　州	95121888	79012353	8555477
云　南	90301209	60423371	4307441
西　藏	6748438	5497963	460746
陕　西	122924957	102573812	8201211
甘　肃	49203314	37468307	3690157
青　海	9267883	6872844	784479
宁　夏	8727573	7786121	1113837
新　疆	50654912	40732362	4775138

4–9 各地区总承包建筑业企业固定资产情况

单位：万元

地区	固定资产原价	累计折旧	#本年折旧	在建工程
全国总计	**198111420**	**97132504**	**12851072**	**38171195**
北京	9320912	5224720	716191	649649
天津	5440975	2948099	296678	246481
河北	7291894	4098215	399950	1297656
山西	6331435	3310049	577225	1216302
内蒙古	2244382	1158300	155528	385313
辽宁	5258914	2994165	258689	528746
吉林	3223840	1325441	152234	690063
黑龙江	2182215	1231766	110194	160472
上海	7072947	4026352	433853	249688
江苏	20860997	10152062	1366936	2987771
浙江	12566566	6028395	737781	2190713
安徽	5970399	2713087	426971	857287
福建	6779968	3347415	507213	658840
江西	5062476	2108555	327189	1730883
山东	14901887	7057160	1055558	2124222
河南	10409967	4648597	620615	1273682
湖北	14498912	7079892	883034	4605562
湖南	8056254	4057240	447331	2171590
广东	9872497	5012730	711125	1713890
广西	2553100	1261697	200541	394107
海南	171325	88236	14286	110858
重庆	4855285	2220200	288289	1730590
四川	9733071	4483559	677031	4857865
贵州	2001873	891739	136377	1840868
云南	4496073	2034170	313074	829394
西藏	384585	134412	21117	71105
陕西	7252125	3807383	522206	1090641
甘肃	4137527	1234431	185772	670317
青海	941594	458477	44789	78705
宁夏	707134	350427	43098	35870
新疆	3530297	1645536	220199	722070

4-10 各地区总承包建筑业企业负债及所有者权益

单位：万元

地区	负债合计	#流动负债	#应付账款	所有者权益	#实收资本
全国总计	**2276472856**	**2061187144**	**841513077**	**859883569**	**409129603**
北京	227991799	203119877	73221089	119051184	35672138
天津	58816643	54921114	21964177	14141248	8354916
河北	61403201	56733539	25244066	18071038	11075891
山西	69608041	62919538	25523446	22531040	11082732
内蒙古	19298028	17441312	6302358	7099225	5212269
辽宁	42737692	38879555	13532472	13088607	7513873
吉林	22165185	20242777	6635043	9421307	5317403
黑龙江	18426719	17451074	6695448	4948542	4296478
上海	105432810	102302227	48633996	26534119	12971419
江苏	141725660	133181310	49685097	93742173	37606662
浙江	121920447	116698536	49192880	48425331	26068736
安徽	73658039	64799326	24547201	24367161	11507684
福建	52368682	45895021	15263183	31657126	16163581
江西	56550307	50328721	17003872	23407899	13102317
山东	160660939	150166196	64155197	46642605	24179447
河南	82666318	74908892	25675842	33548733	19664214
湖北	142405424	117104845	59475241	55099042	20357163
湖南	62796427	53463585	22197881	28326280	14183522
广东	184386039	168314293	66656603	53467989	24717082
广西	42218953	38091023	16959740	13109443	7153785
海南	5458336	4885573	2045744	1864464	1216869
重庆	51705376	46016439	18153380	20194376	9401688
四川	144476885	124971959	52693986	45797617	24016096
贵州	76524003	66643513	25170062	18589042	7434904
云南	60969613	56277312	23665864	29331664	20409176
西藏	4524766	3978068	1177901	2223672	997287
陕西	96369116	91109024	48108554	26555842	14937398
甘肃	36547512	32415396	12516072	12655803	5955526
青海	6601487	5796004	2508861	2666925	1605694
宁夏	6606193	6371959	2871931	2121380	1548076
新疆	39452219	35759137	14035892	11202693	5405580

4-11 各地区总承包建筑业企业收入情况

单位：万元

地　区	主营业务收　入	主营业务成　本	主营业务税金及附加	其他业务收　入	其他业务利　润
全国总计	**2397266330**	**2210821911**	**11775245**	**42772532**	**1938632**
北　京	159418884	147343012	334140	1873204	198779
天　津	40774484	37379962	80563	652610	73601
河　北	54756364	50858821	219628	1581566	49173
山　西	60366624	55942737	163529	871732	74749
内蒙古	13217520	12171081	53858	465436	27350
辽　宁	28514312	26319697	101036	1513775	24777
吉　林	15789526	14438759	83034	503314	13641
黑龙江	13686055	12922177	70694	386080	16821
上　海	110489068	103206282	230370	399831	94326
江　苏	303570586	280382571	1698541	1996160	210393
浙　江	176482235	165929146	648946	1548067	179997
安　徽	82570734	76215917	363155	2058492	79199
福　建	112414843	102892326	927620	2210274	43419
江　西	64657807	59424501	487434	2169909	61153
山　东	148438009	136397906	629370	2984584	151052
河　南	82301433	75611633	469993	963777	94035
湖　北	170575992	155788476	948357	3121154	84339
湖　南	106764090	96958777	1145521	2428530	25287
广　东	180539430	167894010	593721	2479505	148207
广　西	42278054	38369928	169206	1668401	24715
海　南	4274265	4000305	12267	163821	5146
重　庆	69557499	63002816	620975	1184097	27550
四　川	128579226	117821535	650291	4243794	105119
贵　州	31082088	28934568	124192	1635714	20666
云　南	42603132	38734851	265090	1140863	26024
西　藏	2249987	2036153	9296	53617	-707
陕　西	83313389	76846253	356535	1171646	39858
甘　肃	24439526	22771396	122455	743760	15868
青　海	6236681	5676785	21094	134270	343
宁　夏	6902846	6409941	29262	184408	2547
新　疆	30421640	28139590	144962	240143	21206

4-12 各地区总承包建筑业企业费用情况

单位：万元

地　区	管理费用	销售费用	研发费用	财务费用	#利息收入	#利息支出
全国总计	**66219571**	**5102705**	**30699508**	**14497009**	**5820232**	**14662374**
北　京	3602765	226804	4163374	1017767	1395191	2216161
天　津	1068015	69094	1052829	243535	293691	392416
河　北	1879627	90473	636699	406923	60636	326136
山　西	1609889	74191	1313564	420064	237634	563750
内蒙古	546650	12185	86911	82120	7755	69447
辽　宁	1274084	42710	292136	284572	34892	211088
吉　林	633189	25530	108584	185307	12046	153727
黑龙江	521446	24640	109156	73554	34422	78303
上　海	2221650	159041	2504991	319246	293763	406845
江　苏	7430679	760532	973310	1553638	292304	983028
浙　江	4777429	207865	1429036	736553	229394	706709
安　徽	2267017	230645	1166525	531664	154237	374685
福　建	3457602	296679	699922	330352	62567	226782
江　西	2076558	181131	483911	412467	64442	293266
山　东	4556512	268058	2171327	1095202	300560	977546
河　南	2409372	197010	1097678	656139	74077	534627
湖　北	4204437	544126	2880515	860556	333584	952148
湖　南	3116059	312723	1928796	584903	218327	552739
广　东	4203279	186595	2856989	1003593	427698	1076650
广　西	1338781	50350	466100	283909	44258	223137
海　南	114782	3817	21239	15603	2006	10836
重　庆	2345549	280161	381035	619065	48454	388451
四　川	3881788	458112	1622758	889093	384953	1018799
贵　州	930352	27109	258508	491316	57318	256449
云　南	1370312	122105	237055	551021	192280	621453
西　藏	127811	3519	3351	15899	10226	11248
陕　西	2043386	155474	1212462	281557	278692	477595
甘　肃	798450	50903	140759	221771	201482	304669
青　海	214387	2297	153458	32155	4478	15804
宁　夏	257757	8582	33242	26457	2502	19225
新　疆	939957	30246	213290	271008	66365	218655

4-13 各地区总承包建筑业企业利润及税金情况

单位：万元

地区	利润总额	#所得税费用	税金总额	主营业务税金及附加	应交增值税
全国总计	**76204280**	**13300330**	**61797629**	**11775245**	**50022384**
北京	9456078	633603	2159657	334140	1825517
天津	802647	108883	582149	80563	501585
河北	828211	259017	1299062	219628	1079434
山西	1330460	141224	1409703	163529	1246174
内蒙古	436035	78927	368898	53868	315030
辽宁	173994	81519	757758	101086	656672
吉林	397829	93237	528561	83084	445477
黑龙江	-43788	58871	503532	70694	432838
上海	2348831	329261	1842989	230370	1612619
江苏	11879305	2512216	8642790	1698541	6944249
浙江	3520813	817473	4537846	648946	3888900
安徽	2437170	397982	2179063	363155	1815908
福建	4268295	888528	3483143	927620	2555523
江西	2407140	477626	2065602	487434	1578168
山东	4348947	748953	3831301	629370	3201932
河南	2511784	450275	2369503	469993	1899510
湖北	6507849	1183275	4638187	948357	3689831
湖南	3228739	538470	3359811	1145521	2214290
广东	4261343	784349	3941507	593721	3347786
广西	1411062	229056	1059079	169206	889873
海南	132147	34170	151238	12267	138971
重庆	2837438	451161	2527836	620975	1906862
四川	4064001	776409	3355238	650291	2704947
贵州	636282	147028	880862	124192	756670
云南	1740259	362850	1319071	265090	1053981
西藏	86031	8574	72331	9296	63035
陕西	2613786	385118	1809069	356535	1452534
甘肃	636920	118988	901572	122455	779117
青海	162538	24014	128758	21094	107664
宁夏	124743	27309	216301	29262	187039
新疆	657394	151965	875212	144962	730250

4-14 各地区总承包建筑业企业应收工程款及企业亏损情况

地　区	应收工程款 (万元)	企业个数 (个)	#亏损企业个数	亏损企业的比重 (%)
全国总计	**597082085**	**102923**	**22015**	**21.4**
北　京	38901901	920	240	26.1
天　津	12105846	883	274	31.0
河　北	15923650	2824	639	22.6
山　西	19088266	2449	570	23.3
内蒙古	6098850	919	267	29.1
辽　宁	11790010	3322	1087	32.7
吉　林	7709046	2034	499	24.5
黑龙江	4947833	1769	469	26.5
上　海	21321611	1303	332	25.5
江　苏	53208431	8572	1047	12.2
浙　江	34322236	7344	2217	30.2
安　徽	23959731	6560	1251	19.1
福　建	15507619	6480	940	14.5
江　西	14812148	5022	568	11.3
山　东	44310165	7273	1997	27.5
河　南	25039986	6161	1119	18.2
湖　北	37205919	4408	604	13.7
湖　南	16392561	3104	412	13.3
广　东	42325420	5490	1218	22.2
广　西	10528165	2367	788	33.3
海　南	1286450	243	63	25.9
重　庆	15037499	2664	429	16.1
四　川	30124769	7260	1004	13.8
贵　州	15142794	1780	612	34.4
云　南	21249357	3411	1120	32.8
西　藏	983428	389	80	20.6
陕　西	33731500	3248	664	20.4
甘　肃	9790306	2161	589	27.3
青　海	1392082	340	113	33.2
宁　夏	2554897	614	202	32.9
新　疆	10289607	1609	601	37.4

4-15 各地区总承包建筑业企业主要经济效益指标

地区	产值利润率 (%)	产值利税率 (%)	资本利润率 (%)	资本利税率 (%)	人均利润 (元/人)	人均利税 (元/人)	资产负债率 (%)
全国总计	**2.7**	**4.9**	**18.6**	**33.7**	**13704**	**24817**	**72.6**
北 京	7.6	9.4	26.5	32.6	52092	63989	65.7
天 津	2.0	3.5	9.6	16.6	16868	29102	80.6
河 北	1.3	3.3	7.5	19.2	7894	20277	77.3
山 西	2.3	4.7	12.0	24.7	11161	22987	75.5
内蒙古	3.4	6.2	8.4	15.4	18972	35024	73.1
辽 宁	0.5	2.8	2.3	12.4	3327	17819	76.6
吉 林	2.2	5.1	7.5	17.4	12928	30104	70.2
黑龙江	-0.3	3.5	-1.0	10.7	-1298	13624	78.8
上 海	2.8	5.0	18.1	32.3	21319	38047	79.9
江 苏	3.3	5.6	31.6	54.6	12853	22204	60.2
浙 江	1.7	3.8	13.5	30.9	7068	16178	71.6
安 徽	2.4	4.5	21.2	40.1	12298	23294	75.1
福 建	2.8	5.0	26.4	48.0	9296	16882	62.3
江 西	2.4	4.5	18.4	34.1	12765	23719	70.7
山 东	2.8	5.2	18.0	33.8	16032	30156	77.5
河 南	2.1	4.1	12.8	24.8	9658	18768	71.1
湖 北	3.3	5.7	32.0	54.8	26933	46128	72.1
湖 南	2.4	4.9	22.8	46.5	11784	24047	68.9
广 东	2.2	4.3	17.2	33.2	13287	25577	77.5
广 西	2.0	3.6	19.7	34.5	11545	20210	76.3
海 南	3.1	6.7	10.9	23.3	16104	34534	74.5
重 庆	3.2	6.0	30.2	57.1	14716	27826	71.9
四 川	2.4	4.5	16.9	30.9	10959	20006	75.9
贵 州	1.6	3.7	8.6	20.4	7675	18300	80.4
云 南	2.3	4.0	8.5	15.0	11324	19908	67.5
西 藏	4.3	8.0	8.6	15.9	21143	38919	67.0
陕 西	2.8	4.7	17.5	29.6	16890	28580	78.4
甘 肃	2.7	6.5	10.7	25.8	13015	31438	74.3
青 海	3.1	5.5	10.1	18.1	21367	38294	71.2
宁 夏	1.8	4.9	8.1	22.0	8017	21918	75.7
新 疆	2.2	5.1	12.2	28.4	10941	25507	77.9

4-16 各地区按资质等级划分的总承包建筑业企业单位数

单位：个

地　区	合计	特级	一级	二级	三级及以下
全国总计	**102923**	**731**	**8907**	**25773**	**67512**
北　京	920	62	253	206	399
天　津	883	17	124	178	564
河　北	2824	11	233	911	1669
山　西	2449	22	134	450	1843
内蒙古	919	4	95	302	518
辽　宁	3322	14	205	686	2417
吉　林	2034	6	84	335	1609
黑龙江	1769	5	101	550	1113
上　海	1303	22	199	445	637
江　苏	8572	86	810	2267	5409
浙　江	7344	84	869	1630	4761
安　徽	6560	36	457	1238	4829
福　建	6480	24	577	856	5023
江　西	5022	26	383	889	3724
山　东	7273	55	653	2187	4378
河　南	6161	35	454	1514	4158
湖　北	4408	35	549	1250	2574
湖　南	3104	22	322	788	1972
广　东	5490	30	571	1159	3730
广　西	2367	16	150	506	1695
海　南	243	1	30	49	163
重　庆	2664	8	271	573	1812
四　川	7260	34	665	2185	4376
贵　州	1780	11	90	755	924
云　南	3411	12	110	728	2561
西　藏	389	1	3	115	270
陕　西	3248	35	298	1564	1351
甘　肃	2161	7	75	533	1546
青　海	340	1	24	123	192
宁　夏	614	2	21	249	342
新　疆	1609	7	97	552	953

4-17 各地区按资质等级划分的总承包建筑业企业从业人员

单位：人

地区	合计	特级	一级	二级	三级及以下
全国总计	**45978046**	**10588202**	**16978042**	**10044620**	**8367182**
北京	434027	203560	181928	20189	28350
天津	273302	124208	94994	21449	32651
河北	758539	84388	268328	279917	125906
山西	778264	230132	257320	147472	143340
内蒙古	129267	14519	50423	34160	30165
辽宁	377107	31387	108348	113774	123598
吉林	274304	6775	54474	94167	118888
黑龙江	170359	20173	42332	51033	56821
上海	610125	270741	191087	84311	63986
江苏	8029925	2898327	2710442	1476288	944868
浙江	4468053	1331461	1862235	705953	568404
安徽	1817302	369519	568179	367988	511616
福建	4324816	708712	2341436	691627	583041
江西	1642082	180756	679702	352154	429470
山东	2395142	748316	889226	477123	280477
河南	2338085	452319	710435	618070	557261
湖北	2142575	712369	759124	360999	310083
湖南	2382321	491007	791160	581199	518955
广东	2831664	446277	1307254	618196	459937
广西	1042728	304760	331538	241682	164748
海南	61039	4187	25659	11657	19536
重庆	1677108	61032	582001	479958	554117
四川	3118680	213202	1105720	995780	803978
贵州	619148	185061	199276	132003	102808
云南	1064802	122784	201163	297512	443343
西藏	31572	19	523	22090	8940
陕西	1121765	286676	370121	359568	105400
甘肃	432974	38723	154290	112989	126972
青海	51123	9780	11278	16938	13127
宁夏	241389	3464	20356	189990	27579
新疆	338459	33568	107690	88384	108817

4-18 各地区按资质等级划分的总承包企业建筑业总产值

单位：万元

地区	合计	特级	一级	二级	三级及以下
全国总计	**2788836813**	**933990239**	**1033375028**	**449283691**	**372187855**
北京	123640189	83777977	34654047	1979847	3228318
天津	39286043	23714344	11078493	1811404	2681803
河北	65419608	12502538	32849644	13286317	6781109
山西	57900123	24292748	18948824	7529892	7128659
内蒙古	12889330	4242494	4089358	2246874	2310605
辽宁	32832019	5493124	12348234	5839712	9150950
吉林	18183609	1064718	6241277	4059019	6818595
黑龙江	13110137	2400972	5501615	2730789	2476762
上海	83036532	47563094	25689130	6042704	3741605
江苏	364751335	157658810	113645980	58616755	34829790
浙江	210467703	73168898	83123609	29587926	24587270
安徽	103567073	37586409	30026033	15843615	20111016
福建	154892819	27295094	83600584	24949046	19048095
江西	100288755	17677726	50068849	14056682	18485498
山东	157531118	58331315	61999587	23743992	13456224
河南	118510483	33914139	37048287	24814140	22733917
湖北	196020449	95069929	63945481	21836562	15168477
湖南	134500479	40227773	50412153	24173766	19686788
广东	192182923	40548159	98281620	30553633	22799511
广西	69251251	23845157	22460278	13820178	9125638
海南	4204441	141296	2085579	921877	1055689
重庆	89703681	8252191	38322095	19312466	23816930
四川	166300772	36333244	58601472	39012272	32353784
贵州	40843878	13131865	15031693	7523960	5156361
云南	76683251	22278624	14109670	16095936	24199021
西藏	1987172	450	96336	1353062	537324
陕西	94901298	33767098	34384116	21947680	4802404
甘肃	23602899	3117360	9951593	4822628	5711318
青海	5319768	2198956	1202623	1040717	877472
宁夏	6959441	797530	2032914	2474022	1654975
新疆	30068235	3596208	11543859	7256219	7671949

4–19 各地区按资质等级划分的总承包建筑业企业签订合同额

单位：万元

地区	合计	特级	一级	二级	三级及以下
全国总计	**6666387241**	**2922986873**	**2376505560**	**790589535**	**576305274**
北京	468931290	348883794	112032197	4062826	3952473
天津	152896130	104606143	39033435	3739168	5517384
河北	168293384	31899848	99772599	24083292	12537646
山西	135815566	68510862	40297859	14088510	12918336
内蒙古	39946996	20929061	10169456	4780663	4067817
辽宁	70273130	15792920	33052266	8562130	12865815
吉林	39568203	2438169	15475622	9030292	12624120
黑龙江	29853155	7375469	13179604	5539813	3758269
上海	346840463	268674194	60199315	11734150	6232803
江苏	565945232	254853994	185042594	82720431	43328214
浙江	438431948	168233975	169666728	59632300	40898945
安徽	221752553	113798793	51072501	24616348	32264911
福建	285796520	72630273	142391927	40016752	30757567
江西	162966202	26313294	89628230	21682638	25342040
山东	356805722	158435604	132933031	43338504	22098583
河南	269501074	101672203	93474535	41944849	32409486
湖北	550282680	367852111	126143243	35380159	20907167
湖南	298597093	147556441	93186247	32829898	25024507
广东	607157820	173799069	319825843	70820022	42712887
广西	144514697	45308095	53353932	29959447	15893222
海南	13270342	441805	6941917	2744037	3142582
重庆	160771901	24345382	82071221	25543102	28812197
四川	458051429	152333501	172270276	77853258	55594394
贵州	132864155	43002276	52850576	22858486	14152817
云南	148319460	57204295	31493065	25638329	33983771
西藏	4240738	450	483823	3027129	729336
陕西	234189055	109919489	85226986	33080793	5961788
甘肃	56901237	10574924	25276059	10472794	10577461
青海	17554478	8458754	4930422	2643768	1521534
宁夏	13139990	1470889	4347109	4146058	3175934
新疆	72914599	15670796	30682944	14019590	12541270

4-20 各地区按资质等级划分的总承包建筑业企业竣工产值

单位：万元

地区	合计	特级	一级	二级	三级及以下
全国总计	**1238131552**	**411251182**	**438476650**	**206020977**	**182382743**
北京	62128920	40392329	18447173	1085245	2204173
天津	14165719	7369856	5516615	577108	702140
河北	25246831	4799471	11662534	5774645	3010181
山西	16984983	6111156	5074299	3136841	2662687
内蒙古	4056283	1061712	1037212	939303	1018057
辽宁	11848215	1003427	4512850	2235746	4096192
吉林	7443186	334783	2001977	1838319	3268107
黑龙江	4762190	1267736	1312084	1073424	1108946
上海	38837182	22180679	10771666	3673754	2211084
江苏	239309638	102202834	70450679	42677642	23978483
浙江	119297577	48283097	44618135	14662944	11733401
安徽	39381776	12534869	10969206	6589353	9288348
福建	63786973	11716173	36407163	8901423	6762215
江西	41895482	8585599	16582884	6834375	9892624
山东	64033813	24635759	24206721	10135213	5056120
河南	47166574	11638666	12462570	12091008	10974330
湖北	77734791	31426743	29276295	9532667	7499087
湖南	62279950	18628872	19886293	12719813	11044972
广东	63693430	8131427	32213908	9679479	13668617
广西	32466110	15177546	9186143	4520547	3581874
海南	1943991	104650	1079551	417739	342051
重庆	39812244	4297362	15227924	8366119	11920840
四川	72111816	11466263	27287492	17580386	15777675
贵州	10236708	1797099	4665380	2326835	1447394
云南	23941477	2031470	4160318	6579741	11169947
西藏	699095	270		414466	284359
陕西	29176879	11504211	10065091	5946360	1661217
甘肃	7833957	669703	3189317	1909530	2065408
青海	1894355	907975	388770	284057	313552
宁夏	2956917	312841	945987	1221946	476144
新疆	11004491	676604	4870415	2294953	3162520

4-21 各地区按资质等级划分的总承包建筑业企业房屋施工面积

单位：万平方米

地区	合计	特级	一级	二级	三级及以下
全国总计	**1516199**	**639132**	**552888**	**213971**	**110208**
北京	89272	68258	20261	452	301
天津	17422	10186	6620	427	189
河北	35352	7617	17439	7650	2647
山西	22263	13746	4289	2783	1446
内蒙古	7044	4181	1247	1021	595
辽宁	13089	1456	4341	2557	4735
吉林	6661	760	2049	1866	1986
黑龙江	3706	950	1591	739	425
上海	57732	44291	10686	2183	572
江苏	271720	134038	77396	45148	15138
浙江	165677	70368	65581	20245	9483
安徽	47104	17168	15540	7450	6945
福建	82897	21041	44417	12551	4888
江西	36046	9277	15562	5642	5565
山东	94591	41043	35354	13264	4930
河南	60953	24833	19434	10387	6298
湖北	88447	54393	23224	6844	3986
湖南	75125	36853	19114	11296	7863
广东	102821	12321	64605	18134	7761
广西	27310	11349	8607	5030	2325
海南	1850	69	1231	341	210
重庆	33224	3531	19199	6046	4448
四川	74633	16836	38237	13282	6278
贵州	16139	4764	6806	3346	1223
云南	17007	3568	5468	3427	4544
西藏	262			197	65
陕西	39577	21835	11818	5294	629
甘肃	11895	1364	7189	1982	1360
青海	963	51	427	371	113
宁夏	1780	137	541	783	319
新疆	13637	2850	4615	3233	2939

4–22 各地区按资质等级划分的总承包建筑业企业房屋竣工面积

单位：万平方米

地区	合计	特级	一级	二级	三级及以下
全国总计	**387138**	**132505**	**131104**	**71655**	**51874**
北京	13689	11003	2590	43	52
天津	2264	823	1229	79	133
河北	6860	1503	2394	2084	879
山西	5386	3160	1099	700	428
内蒙古	1095	308	221	290	275
辽宁	3511	448	925	790	1348
吉林	1754	139	490	507	618
黑龙江	970	296	232	249	192
上海	8544	5962	1905	565	112
江苏	75095	32412	21534	14066	7083
浙江	42740	17890	16665	4737	3448
安徽	13626	2659	4785	2843	3338
福建	19572	3819	11548	2513	1692
江西	14081	2440	4921	2950	3771
山东	20945	9122	6740	3803	1280
河南	16121	3710	4435	4595	3380
湖北	32496	15969	9965	4102	2461
湖南	23382	6698	5677	5571	5437
广东	23425	2400	12859	5218	2947
广西	8437	3102	2524	1690	1121
海南	444	13	256	124	51
重庆	10573	921	4410	2467	2775
四川	21467	3197	7913	6171	4186
贵州	3312	625	1233	906	547
云南	5665	613	877	1531	2643
西藏	117			84	32
陕西	6554	2821	1803	1628	301
甘肃	2023	286	859	460	418
青海	173		79	54	40
宁夏	548	55	172	245	77
新疆	2270	111	763	589	807

4-23 各地区按资质等级划分的总承包建筑业企业实收资本

单位：万元

地区	合计	特级	一级	二级	三级及以下
全国总计	**409129603**	**112044273**	**133118793**	**89646741**	**74319796**
北京	35672138	25317822	8426097	961215	967004
天津	8354916	3936692	2838568	832825	746832
河北	11075891	1467486	4346298	3430209	1831899
山西	11082732	3860566	2271908	2050314	2899943
内蒙古	5212269	222051	1395119	1287581	2307518
辽宁	7513873	897853	2581619	2020441	2013960
吉林	5317403	248967	1322213	1270246	2475976
黑龙江	4296478	660991	1491257	1311254	832976
上海	12971419	5667116	4212794	1962240	1129270
江苏	37606662	6741660	11154436	10905377	8805189
浙江	26068736	5253795	10130972	5615756	5068213
安徽	11507684	3796926	2920267	2325434	2465057
福建	16163581	1481653	6996139	3296336	4389452
江西	13102317	1056411	5497744	2901783	3646379
山东	24179447	4979935	8735057	6363007	4101448
河南	19664214	3200550	6005081	5534977	4923606
湖北	20357163	6721354	6800314	4089857	2745638
湖南	14183522	3833272	4692516	3101335	2556399
广东	24717082	4838265	11644265	4484498	3750054
广西	7153785	1296056	2837215	1764096	1256419
海南	1216869	30000	677685	265495	243690
重庆	9401688	780402	3957175	2124438	2539674
四川	24016096	4895570	8820136	6397846	3902544
贵州	7434904	1660935	2273883	2179587	1315500
云南	20409176	13011013	2094317	2395691	2908155
西藏	997287		17218	802152	177917
陕西	14937398	4085121	4833129	4880559	1138589
甘肃	5955526	1253266	1436441	1766438	1499382
青海	1605694	187015	565861	585713	267105
宁夏	1548076	76696	273534	829935	367911
新疆	5405580	584834	1864539	1910109	1046098

4-24 各地区按资质等级划分的总承包建筑业企业资产

单位：万元

地　　区	合计	特级	一级	二级	三级及以下
全国总计	**3136346680**	**1226869483**	**1036030382**	**478800624**	**394646191**
北　　京	347042983	270193009	67258145	4180316	5411513
天　　津	72957891	40017540	23059676	4522762	5357912
河　　北	79473432	16508172	35953529	17642626	9369106
山　　西	92139081	48075924	21293405	11461704	11308048
内 蒙 古	26397253	3351491	7685081	7038776	8321906
辽　　宁	55821552	9692408	19676318	11787219	14665607
吉　　林	31586492	2297389	10014800	8039370	11234933
黑 龙 江	23375261	6426075	9136620	4786164	3026401
上　　海	131966929	68143409	44900585	12053015	6869920
江　　苏	235467832	75003720	71945444	52389888	36128781
浙　　江	170345778	57478355	61844018	25837181	25186224
安　　徽	98024624	44491316	23992283	13877234	15663791
福　　建	84025808	14770226	42699380	13200974	13355228
江　　西	79958206	11491365	37048501	12142781	19275558
山　　东	207303543	61950244	76863626	42315053	26174620
河　　南	116215052	33300321	40013055	23441118	19460559
湖　　北	197504245	116548618	47771214	20191487	12992926
湖　　南	91122706	34190881	31728179	13661706	11541942
广　　东	237853630	63319894	120753219	29417500	24363017
广　　西	55328462	18854484	18304017	10164865	8005096
海　　南	7322800	424889	3902080	1518881	1476950
重　　庆	71889039	8992127	34199596	12886305	15811011
四　　川	190273909	64611097	58925293	35643405	31094115
贵　　州	95121888	26409296	30630211	21615607	16466774
云　　南	90301209	44387604	18428898	12168041	15316666
西　　藏	6748438	139	321242	5209058	1217999
陕　　西	122924957	57329256	36496614	23178994	5920093
甘　　肃	49203314	15589222	15709411	10039981	7864699
青　　海	9267883	3420438	2541856	2002674	1302915
宁　　夏	8727573	650090	2200395	4249131	1627957
新　　疆	50654912	8950488	20733690	12136810	8833924

4-25 各地区按资质等级划分的总承包建筑业企业所有者权益

单位：万元

地　区	合计	特级	一级	二级	三级及以下
全国总计	**859883569**	**318506022**	**252202590**	**156917543**	**132257414**
北　京	119051184	101021661	15476622	1260391	1292510
天　津	14141248	7641325	3581570	1377358	1540996
河　北	18071038	2756945	7291306	5273556	2749230
山　西	22531040	10039475	4626486	4019585	3845494
内蒙古	7099225	458031	2156718	1417357	3067120
辽　宁	13088607	1696318	3391931	3514888	4485471
吉　林	9421307	552817	2231367	2222704	4414420
黑龙江	4948542	167897	1864924	1839045	1076676
上　海	26534119	12571261	8468565	3542434	1951858
江　苏	93742173	26921633	26916175	23895057	16009308
浙　江	48425331	15525178	17564618	8245796	7089739
安　徽	24367161	8842733	6604873	4111955	4807601
福　建	31657126	4409864	15174050	5817444	6255768
江　西	23407899	2969685	10129378	4679223	5629614
山　东	46642605	13506573	16199062	10185872	6751098
河　南	33548733	6862699	10001214	8959151	7725669
湖　北	55099042	28346555	14866504	7270271	4615713
湖　南	28326280	8675334	9352320	5779978	4518647
广　东	53467989	12299366	25396081	7609258	8163284
广　西	13109443	3669265	4522124	2711640	2206414
海　南	1864464	43869	911347	450128	459120
重　庆	20194376	1941300	7315154	4417741	6520183
四　川	45797617	11269566	13039687	11765893	9722471
贵　州	18589042	3584912	5652532	5185437	4166161
云　南	29331664	16548186	3378824	4136516	5268138
西　藏	2223672	125	64986	1809590	348972
陕　西	26555842	10159361	7065632	7154328	2176520
甘　肃	12655803	3471375	3144569	3474477	2565382
青　海	2666925	855798	816837	653494	340796
宁　夏	2121380	101725	400017	1125621	494017
新　疆	11202693	1595193	4597120	3011357	1999023

4-26 各地区按资质等级划分的总承包建筑业企业负债

单位：万元

地区	合计	特级	一级	二级	三级及以下
全国总计	**2276472856**	**908363461**	**783838505**	**321876957**	**262393933**
北京	227991799	169171348	51781523	2919925	4119004
天津	58816643	32376216	19478106	3145405	3816916
天津	61403201	13751227	28662222	12369876	6619876
山西	69608041	38036449	16666919	7442119	7462554
内蒙古	19298028	2893461	5528363	5621418	5254786
辽宁	42737692	7996090	16284387	8274243	10182973
吉林	22165185	1744572	7783434	5816666	6820513
黑龙江	18426719	6258178	7271696	2947120	1949725
上海	105432810	55572148	36432020	8510581	4918062
江苏	141725660	48082087	45029269	28494832	20119472
浙江	121920447	41953177	44279400	17591385	18096485
安徽	73658039	35648583	17387411	9765279	10856766
福建	52368682	10360361	27525331	7383530	7099460
江西	56550307	8521681	26919124	7463558	13645944
山东	160660939	48443672	60664565	32129181	19423522
河南	82666318	26437622	30011841	14481967	11734889
湖北	142405424	88202063	32904710	12921217	8377434
湖南	62796427	25515546	22375859	7881728	7023294
广东	184386039	51020527	95357138	21808242	16200132
广西	42218953	15185219	13781893	7453225	5798617
海南	5458336	381019	2990733	1068754	1017830
重庆	51705376	7050828	26895156	8468564	9290828
四川	144476885	53341531	45885606	23877511	21372236
贵州	76524003	22824384	24977679	16421327	12300613
云南	60969613	27839418	15050074	8031525	10048596
西藏	4524766	15	256256	3399468	869027
陕西	96369116	47169895	29430982	16024666	3743573
甘肃	36547512	12117847	12564843	6565505	5299317
青海	6601487	2564639	1725020	1349180	962648
宁夏	6606193	548365	1800379	3123510	1133940
新疆	39452219	7355294	16136570	9125454	6834901

4–27 各地区按资质等级划分的总承包建筑业企业营业收入

单位：万元

地区	合计	特级	一级	二级	三级及以下
全国总计	**2440038861**	**924177898**	**836176880**	**368774348**	**310909736**
北京	161292087	116398659	38343325	2617915	3932188
天津	41427093	22547374	13628202	2233030	3018488
河北	56337929	10089344	28349877	11456003	6442705
山西	61238356	31361195	15388972	7306756	7181434
内蒙古	13682956	3890480	4095793	2818887	2877796
辽宁	30028087	5703626	10126342	5786969	8411150
吉林	16292840	1039422	5513710	3598127	6141581
黑龙江	14072135	2764399	5694368	2912824	2700545
上海	110888899	69358591	28296859	8044657	5188793
江苏	305566746	133124231	91735630	49024280	31682605
浙江	178030302	59129288	68218601	26448698	24233715
安徽	84629226	34378972	21842838	12231035	16176382
福建	114625116	20026294	60153414	19378639	15066770
江西	66827716	11568407	30874271	10357243	14027795
山东	151422594	55870162	56903239	24101807	14547386
河南	83265210	28307935	26538528	14826865	13591883
湖北	173697146	94562270	49882163	17038553	12214160
湖南	109192621	35611841	38099326	19526992	15954462
广东	183018935	45972948	89005956	26481860	21558171
广西	43946455	16019419	12211534	8767538	6947965
海南	4438085	153438	2157027	1006620	1121001
重庆	70741596	6377568	27246064	16309115	20808849
四川	132823020	42154241	43324281	27342686	20001812
贵州	32717803	11217997	10608195	6183653	4707958
云南	43743995	15251135	9215025	7668656	11609179
西藏	2303604	123	115428	1654832	533221
陕西	84485035	38957350	24305812	17143988	4077886
甘肃	25183285	4505863	9580404	5095485	6001533
青海	6370951	2902898	1378306	1114905	974842
宁夏	7087254	766871	1949719	2703384	1667280
新疆	30661783	4165559	11393674	7592348	7510203

4-28 各地区按资质等级划分的总承包建筑业企业利税总额

单位：万元

地区	合计	特级	一级	二级	三级及以下
全国总计	**138001909**	**46660006**	**43764614**	**25037752**	**22539537**
北京	11615735	9502309	1884883	101620	126922
天津	1384795	708288	422606	92051	161851
河北	2127273	-15465	1204810	565415	372514
山西	2740163	1249185	657074	385993	447912
内蒙古	804933	147797	190874	241509	224753
辽宁	931752	163035	78810	238241	451667
吉林	926390	52029	286571	212669	375120
黑龙江	459744	-129212	252796	168452	167709
上海	4191820	2398713	1107245	421450	264411
江苏	20522095	7385492	6425083	3926927	2784593
浙江	8058659	2553600	2966067	1352394	1186598
安徽	4616233	1450761	1280940	798151	1086381
福建	7751437	1026868	3940429	1565726	1218414
江西	4472743	632326	1888084	806585	1145749
山东	8180248	3163836	2661114	1548538	806760
河南	4881286	912872	1224452	1389183	1354779
湖北	11146036	4891423	3658554	1503183	1092876
湖南	6588551	1463094	2038646	1644283	1442528
广东	8202850	1530125	4022366	1406906	1243454
广西	2470140	956101	790059	392806	331174
海南	283385	10646	135877	56356	80507
重庆	5365274	317916	1380010	1385880	2281467
四川	7419239	2179734	2023883	1722368	1493254
贵州	1517144	619110	270031	351986	276017
云南	3059330	1441822	376876	446122	794510
西藏	158362	108	16563	94996	46696
陕西	4422855	1553616	1334143	1178437	356659
甘肃	1538493	259523	517472	401958	359540
青海	291296	94404	84202	60111	52579
宁夏	341043	19578	84741	160046	76679
新疆	1532606	120375	559354	417411	435467

4-29　各地区按资质等级划分的总承包建筑业企业利润总额

单位：万元

地　区	合计	特级	一级	二级	三级及以下
全国总计	**76204280**	**31324096**	**22279794**	**11763733**	**10836658**
北　京	9456078	8265406	1126469	25248	38955
天　津	802647	479652	220841	31254	70899
河　北	828211	-228177	659402	238177	158810
山　西	1330460	709771	318138	125402	177149
内蒙古	436035	101380	69509	133918	131229
辽　宁	173994	86233	-117908	64635	141034
吉　林	397829	39319	117462	75169	165879
黑龙江	-43788	-221781	71977	53337	52680
上　海	2348831	1502605	594131	154472	97623
江　苏	11879305	4247919	3687374	2272114	1671898
浙　江	3520813	1245149	1278804	545644	451216
安　徽	2437170	943157	653691	342299	498024
福　建	4268295	596349	2151539	856456	663951
江　西	2407140	336596	971765	466226	632554
山　东	4348947	2184594	1188902	687563	287889
河　南	2511784	521351	517265	708793	764374
湖　北	6507849	3206981	1977327	792858	530683
湖　南	3228739	895474	959900	718605	654760
广　东	4261343	960880	2114977	625219	560267
广　西	1411062	624256	509712	178014	99079
海　南	132147	8650	63343	19282	40872
重　庆	2837438	184264	639177	726897	1287099
四　川	4064001	1612232	949084	724296	778389
贵　州	636282	398267	42967	103128	91920
云　南	1740259	1167308	145420	137823	289708
西　藏	86031	104	7485	54068	24374
陕　西	2613786	1141942	748966	523163	199714
甘　肃	636920	126981	211189	184037	114714
青　海	162538	79581	57957	10129	14870
宁　夏	124743	4904	41515	60675	17649
新　疆	657394	102751	301415	124833	128395

4-30 各地区按资质等级划分的总承包建筑业企业税金总额

单位：万元

地区	合计	特级	一级	二级	三级及以下
全国总计	**61797629**	**15335910**	**21484820**	**13274019**	**11702880**
北京	2159657	1236903	758414	76373	87968
天津	582149	228635	201766	60796	90951
河北	1299062	212713	545408	327238	213703
山西	1409703	539414	338936	260591	270762
内蒙古	368898	46417	121365	107592	93524
辽宁	757758	76802	196718	173606	310633
吉林	528561	12711	169109	137500	209241
黑龙江	503532	92569	180819	115115	115030
上海	1842989	896108	513115	266978	166788
江苏	8642790	3137573	2737709	1654813	1112695
浙江	4537846	1308451	1687264	806750	735382
安徽	2179063	507604	627250	455852	588357
福建	3483143	430519	1788891	709270	554463
江西	2065602	295730	916319	340359	513195
山东	3831301	979243	1472212	860976	518871
河南	2369503	391522	707187	680390	590405
湖北	4638187	1684443	1681227	710325	562193
湖南	3359811	567620	1078746	925678	787768
广东	3941507	569245	1907388	781687	683187
广西	1059079	331844	280347	214792	232096
海南	151238	1996	72534	37074	39634
重庆	2527836	133652	740833	658983	994369
四川	3355238	567502	1074799	998072	714866
贵州	880862	220843	227064	248858	184097
云南	1319071	274514	231456	308299	504802
西藏	72331	4	9078	40928	22321
陕西	1809069	411673	585177	655274	156945
甘肃	901572	132542	306283	217921	244826
青海	128758	14823	26245	49982	37709
宁夏	216301	14674	43226	99371	59030
新疆	875212	17624	257939	292578	307071

4–31 各地区按资质等级划分的总承包建筑业企业主营业务收入

单位：万元

地　区	合计	特级	一级	二级	三级及以下
全国总计	**2397266330**	**917726052**	**823538545**	**358239556**	**297762176**
北　京	159418884	115132272	37806362	2579358	3900892
天　津	40774484	22406584	13380530	2154549	2832820
河　北	54756364	9844382	27791039	10992736	6128207
山　西	60366624	31252954	15160476	7189115	6764079
内蒙古	13217520	3885780	3921632	2722282	2687827
辽　宁	28514312	5593922	9876817	5308522	7735051
吉　林	15789526	1036568	5378696	3421531	5952730
黑龙江	13686055	2753863	5506225	2838171	2587796
上　海	110489068	69228319	28098353	8006993	5155403
江　苏	303570586	132423901	90860859	48802226	31483601
浙　江	176482235	58741721	67792854	26142768	23804882
安　徽	82570734	33966079	21392421	11709594	15502640
福　建	112414843	19969398	59184675	18771985	14488785
江　西	64657807	11532541	30151831	9694730	13278706
山　东	148438009	55607181	55467684	23412302	13950842
河　南	82301433	28075195	26129454	14652218	13444567
湖　北	170575992	93455666	49209478	16460801	11450047
湖　南	106764090	35567554	37129753	18827725	15239059
广　东	180539430	45520464	88564661	25481123	20973182
广　西	42278054	15972571	11830293	8583824	5891367
海　南	4274265	150234	2019055	995116	1109860
重　庆	69557499	6368674	26816797	16181786	20190241
四　川	128579226	42003628	42411877	26096421	18067300
贵　州	31082088	11145603	10186631	5501592	4248262
云　南	42603132	15023637	9153864	7512651	10912981
西　藏	2249987	123	114905	1632753	502207
陕　西	83313389	38823600	24148166	16531197	3810426
甘　肃	24439526	4459370	9473597	4812115	5694443
青　海	6236681	2878789	1307686	1091123	959083
宁　夏	6902846	766871	1945848	2636821	1553307
新　疆	30421640	4138611	11326017	7495431	7461582

4-32 各地区按资质等级划分的总承包建筑业企业管理费用

单位：万元

地区	合计	特级	一级	二级	三级及以下
全国总计	**66219571**	**14572928**	**21576098**	**14126607**	**15943939**
北京	3602765	1890028	1220642	210958	281137
天津	1068015	394531	336788	128278	208418
河北	1879627	316998	844831	373153	344645
山西	1609889	455336	439437	290819	424296
内蒙古	546650	71327	172274	147408	155642
辽宁	1274084	126727	345732	291683	509943
吉林	633189	21174	144107	150662	317247
黑龙江	521446	54029	157836	174124	135457
上海	2221650	775342	707780	375643	362885
江苏	7430679	1643989	2367859	1722264	1696567
浙江	4777429	907147	1719054	909222	1242006
安徽	2267017	558151	442584	473274	793009
福建	3457602	275933	1582470	713974	885224
江西	2076558	180743	840798	347911	707105
山东	4556512	1011821	1479508	1116342	948842
河南	2409372	514108	742789	530845	621630
湖北	4204437	1734792	1203345	739132	527169
湖南	3116059	677573	1040279	790220	607987
广东	4203279	625461	1675084	747466	1155268
广西	1338781	320416	399712	232762	385892
海南	114782	3054	36311	29425	45993
重庆	2345549	121173	798332	529274	896769
四川	3881788	616853	1229673	1068905	966358
贵州	930352	201031	269275	247453	212593
云南	1370312	232152	233790	324314	580056
西藏	127811	16	7046	75548	45202
陕西	2043386	559539	526371	740684	216792
甘肃	798450	104015	238484	194649	261303
青海	214387	70032	43230	52034	49092
宁夏	257757	13511	45418	112720	86107
新疆	939957	95927	285260	285463	273307

4-33 各地区按资质等级划分的总承包建筑业企业财务费用

单位：万元

地　区	合计	特级	一级	二级	三级及以下
全国总计	**14497009**	**5404064**	**5221690**	**2078726**	**1792530**
北　京	1017767	856215	155601	2185	3766
天　津	243535	132685	91216	8786	10848
河　北	406923	77584	182214	102462	44664
山　西	420064	289983	84999	23334	21748
内蒙古	82120	24603	18244	13695	25579
辽　宁	284572	49497	119917	56857	58302
吉　林	185307	8963	73595	52998	49751
黑龙江	73554	19048	43526	5687	5294
上　海	319246	195656	105743	5237	12609
江　苏	1553638	542716	528633	312755	169533
浙　江	736553	219772	280694	128551	107537
安　徽	531664	266133	100818	83617	81095
福　建	330352	72041	146436	49285	62590
江　西	412467	86971	186583	44957	93957
山　东	1095202	292146	437427	222752	142877
河　南	656139	238264	228040	88592	101243
湖　北	860556	482793	241119	66452	70193
湖　南	584903	209047	213086	74450	88320
广　东	1003593	201299	588867	102319	111108
广　西	283909	86966	135776	29127	32040
海　南	15603	1843	6314	3183	4263
重　庆	619065	60314	321997	120267	116488
四　川	889093	277877	257412	195645	158160
贵　州	491316	124516	233335	49662	83304
云　南	551021	344328	96513	50585	59496
西　藏	15899		-589	15099	1389
陕　西	281557	85184	124621	59123	12629
甘　肃	221771	50342	92550	45279	33599
青　海	32155	14733	10972	4504	1946
宁　夏	26457	3331	10184	8994	3949
新　疆	271008	89218	105248	52289	24254

4-34 各地区按资质等级划分的总承包建筑业企业应收工程款

单位：万元

地区	合计	特级	一级	二级	三级及以下
全国总计	**597082085**	**192624293**	**225172872**	**101506500**	**77778420**
北京	38901901	23679844	13201806	746474	1273777
天津	12105846	4765488	5263121	1067793	1009444
河北	15923650	2404312	7159720	4176415	2183203
山西	19088266	7400974	6445657	2776205	2465430
内蒙古	6098850	942149	2411692	1345988	1399021
辽宁	11790010	2221731	4427918	2465041	2675320
吉林	7709046	710344	2765085	2006278	2227340
黑龙江	4947833	1114113	1974362	1125730	733629
上海	21321611	10310385	7799540	1802194	1409493
江苏	53208431	15820012	17466532	11732201	8189687
浙江	34322236	10491494	13752100	5394517	4684125
安徽	23959731	10198633	6670290	3075767	4015041
福建	15507619	2665288	7569781	2418731	2853819
江西	14812148	1991103	7860078	2086560	2874407
山东	44310165	13006343	17799802	8601249	4902771
河南	25039986	6204461	8963654	5835437	4036434
湖北	37205919	17776825	12402714	4163597	2862782
湖南	16392561	5490406	6124577	2350856	2426723
广东	42325420	9040586	22996812	5483322	4804701
广西	10528165	3200543	3010178	2736078	1581365
海南	1286450	26021	691953	281859	286618
重庆	15037499	1982406	7318167	2910263	2826663
四川	30124769	7543813	11664440	6209499	4707017
贵州	15142794	4680205	5029897	3474563	1958130
云南	21249357	9020267	5666784	3107142	3455164
西藏	983428		64568	718563	200297
陕西	33731500	16345180	10065852	6043209	1277258
甘肃	9790306	1919400	3620807	2324168	1925932
青海	1392082	416385	358321	344235	273141
宁夏	2554897	61502	596256	1426851	470289
新疆	10289607	1194082	4030410	3275715	1789400

4-35 各地区专业承包建筑业企业签订合同情况

单位：万元

地区	签订合同额	上年结转合同额	本年新签合同额
全国总计	**460130430**	**173051980**	**287078450**
北京	23982912	10642397	13340515
天津	12472182	4640062	7832120
河北	6300145	1784614	4515531
山西	5620793	2250213	3370580
内蒙古	905117	315319	589799
辽宁	9526064	3021113	6504951
吉林	5077275	2071183	3006093
黑龙江	2162884	963779	1199105
上海	16061256	7650469	8410787
江苏	52643266	19121744	33521522
浙江	41014511	15299878	25714633
安徽	19438343	5753015	13685328
福建	21743116	8866181	12876935
江西	9881127	2603318	7277809
山东	26003841	7240378	18763463
河南	21667037	5179802	16487235
湖北	28379557	11948862	16430695
湖南	14466673	4202544	10264130
广东	74180121	33140177	41039944
广西	4609860	1986739	2623121
海南	922693	459057	463636
重庆	10895199	3745333	7149867
四川	23982763	9991458	13991305
贵州	4554317	1869739	2684578
云南	7690497	2546197	5144299
西藏	82192	25410	56782
陕西	11016559	4215782	6800777
甘肃	2310648	820524	1490124
青海	482588	105695	376893
宁夏	433871	127303	306568
新疆	1623022	463697	1159325

4-36 各地区专业承包建筑业企业承包工程完成情况

单位：万元

地区	直接从建设单位承揽工程完成的产值	自行完成施工产值	分包出去工程的产值	从建设单位以外承揽工程完成的产值
全国总计	**251709004**	**244094273**	**7614731**	**46422706**
北京	10498950	9740886	758064	5280002
天津	7587972	6104455	1483517	2122529
河北	3811966	3771721	40244	322110
山西	2982304	2950199	32105	604483
内蒙古	429423	423920	5503	15156
辽宁	6285217	6200960	84257	335678
吉林	2437201	2404490	32711	419352
黑龙江	1003909	984126	19783	51033
上海	7505557	7035197	470360	2667313
江苏	32902699	32625609	277089	9223551
浙江	24136573	23664441	472132	4478593
安徽	10905164	10743447	161717	2715816
福建	12609160	12523015	86145	1093829
江西	6380338	6099331	281006	560288
山东	16541814	16147197	394618	1918025
河南	14334621	14078553	256068	1555289
湖北	14038846	13897880	140966	1631308
湖南	9681946	9534750	147196	774800
广东	33563898	31876971	1686927	5505131
广西	2330090	2277511	52579	414697
海南	423134	412800	10335	54891
重庆	6994611	6831613	162998	934280
四川	11057815	10776626	281189	1378724
贵州	1701751	1677199	24551	81280
云南	4209624	4108535	101090	894714
西藏	50495	50495		262
陕西	4671093	4564638	106455	1212746
甘肃	1151978	1137553	14425	36373
青海	342983	339075	3907	5775
宁夏	293725	292329	1396	6704
新疆	844149	818753	25397	127978

4–37 各地区专业承包企业建筑业总产值和竣工产值

单位：万元

地区	建筑业总产值	#装饰装修产值	#在外省完成的产值	按构成分组			竣工产值
				建筑工程产值	安装工程产值	其他产值	
全国总计	**290516980**	**67955458**	**78342348**	**212799091**	**62884260**	**14833629**	**115281987**
北京	15020887	6024854	8081393	13195158	1653846	171884	6980859
天津	8226983	572541	1758850	5394865	1740136	1091982	1942140
河北	4093831	730985	908755	2948059	973424	172349	1515824
山西	3554682	366088	757234	2352863	826481	375338	1283342
内蒙古	439076	35598	13849	205540	206973	26563	187957
辽宁	6536637	806164	1186189	4090051	2057635	388951	2321478
吉林	2823842	289135	341269	1771990	895678	156174	1493848
黑龙江	1035159	117040	106076	761611	204489	69059	330776
上海	9702510	3882092	4403947	7143199	2430914	128398	4887825
江苏	41849160	15047424	15472216	33200139	8015897	633125	28427582
浙江	28143034	9025176	5522408	20238690	6864628	1039716	11020248
安徽	13459263	1445169	2871270	8775011	2776605	1907647	4229295
福建	13616843	2121226	4812386	10611309	2399025	606510	4063769
江西	6659619	2260229	2458987	5146947	1196323	316349	2299205
山东	18065221	4359894	2947568	12805781	4118825	1140615	7389198
河南	15633842	1756304	1965205	11012258	3589266	1032318	6157501
湖北	15529188	2039633	3649677	11519046	3244449	765694	4731772
湖南	10309550	1514253	3812178	6560437	3070675	678437	5161185
广东	37382102	10963842	9536708	27694966	7858749	1828387	8882016
广西	2692208	216166	128122	2026304	577486	88418	523120
海南	467691	77818	26058	258711	205294	3685	107548
重庆	7765893	1467820	2255422	5321447	1814295	630151	2621637
四川	12155350	1294799	2940262	8527560	3040894	586897	3516181
贵州	1758479	151371	224993	1255877	415593	87008	583338
云南	5003249	429271	304540	3413790	1178269	411189	1733683
西藏	50757	3319		46027	3734	996	28429
陕西	5777384	752615	1670394	4591967	888714	296703	1611302
甘肃	1173926	101716	64606	863911	253599	56416	579307
青海	344851	3426	79244	280353	61314	3184	154770
宁夏	299033	5855	20784	248295	41498	9240	102016
新疆	946730	93636	21761	536929	279552	130249	414839

4-38 各地区专业承包建筑业企业房屋建筑面积

地区	房屋施工面积（万平方米）	#本年新开工	房屋竣工面积（万平方米）	房屋竣工率（%）
全国总计	**40165**	**16070**	**16255**	**40.5**
北京	616	152	127	20.6
天津	1387	169	458	33.0
河北	567	159	239	42.3
山西	385	221	249	64.6
内蒙古	2		1	56.6
辽宁	240	106	122	50.9
吉林	386	143	128	33.3
黑龙江	162	80	87	53.6
上海	471	149	214	45.4
江苏	3415	1170	1224	35.8
浙江	5978	2587	2176	36.4
安徽	2567	1317	1231	47.9
福建	2707	946	683	25.2
江西	1002	636	602	60.0
山东	4237	1339	1973	46.6
河南	2035	1232	952	46.8
湖北	2863	817	765	26.7
湖南	1034	472	607	58.7
广东	4545	1279	1504	33.1
广西	229	124	124	54.3
海南	12	6	6	47.3
重庆	1745	1144	1196	68.6
四川	1580	832	923	58.4
贵州	196	90	30	15.4
云南	683	325	309	45.2
西藏	1		1	137.2
陕西	676	211	272	40.3
甘肃	333	323	7	2.2
青海	9	1	2	17.8
宁夏	22	20	11	49.5
新疆	81	17	35	42.8

4-39 各地区按主要用途分的专业承包建筑业企业房屋竣工面积

单位：万平方米

地　区	总计	住宅房屋	商业及服务用房屋	办公用房　屋	科研、教育和医疗用房屋
全国总计	**16255**	**7241**	**1333**	**598**	**528**
北　京	127	96	10	4	1
天　津	458	221	31	28	14
河　北	239	125	6	28	10
山　西	249	70	42	6	18
内蒙古	1	1			
辽　宁	122	55	11	4	10
吉　林	128	82	7	2	6
黑龙江	87	56	5		2
上　海	214	39	15	4	
江　苏	1224	544	63	35	39
浙　江	2176	408	65	47	17
安　徽	1231	433	154	28	71
福　建	683	300	46	49	28
江　西	602	282	33	43	20
山　东	1973	872	77	91	69
河　南	952	517	59	21	18
湖　北	765	382	145	40	38
湖　南	607	396	30	24	16
广　东	1504	491	238	65	67
广　西	124	27	6	4	3
海　南	6	4			
重　庆	1196	851	127	33	21
四　川	923	601	108	27	19
贵　州	30	17	4		2
云　南	309	181	25	9	13
西　藏	1				
陕　西	272	167	26	5	21
甘　肃	7	1	1		
青　海	2				
宁　夏	11			1	5
新　疆	35	24			

4-39 续表 单位：万平方米

地　区	文化、体育和娱乐用房屋	厂房及建筑物	仓　库	其他未列明的房屋建筑物
全国总计	**205**	**5103**	**129**	**1118**
北　京		15		1
天　津	5	98	9	52
河　北		61		10
山　西	1	100	1	10
内蒙古				
辽　宁	1	38	1	3
吉　林		18		15
黑龙江	2	11	2	9
上　海		153		2
江　苏	14	397	8	124
浙　江	24	1340	16	258
安　徽	4	436	18	86
福　建	7	216	3	34
江　西	12	142	4	65
山　东	7	808	22	27
河　南	41	230	16	49
湖　北	15	78	3	65
湖　南	1	115	9	17
广　东	41	415	7	180
广　西		75	2	7
海　南		1		
重　庆	8	130		26
四　川	2	143	4	20
贵　州	1	6		1
云　南	13	27	2	39
西　藏				1
陕　西	6	34	1	14
甘　肃		3		2
青　海		1		
宁　夏	1	4		
新　疆		9		2

4-40 各地区按主要用途分的专业承包建筑业企业房屋竣工价值

单位：万元

地 区	总计	住宅房屋	商业及服务用房屋	办公用房屋	科研、教育和医疗用房屋
全国总计	**16530629**	**6649676**	**1558282**	**909441**	**741882**
北 京	260197	180685	17132	8596	1984
天 津	283296	122552	22737	17583	11237
河 北	235904	109076	3320	41351	11949
山 西	110032	19870	15154	3855	976
内蒙古	1530	1530			
辽 宁	155584	44072	9731	9129	30526
吉 林	190622	115826	1817	3602	24900
黑龙江	31075	21835	2443	30	517
上 海	134853	31810	3019	2823	290
江 苏	1451754	555627	61677	76026	49905
浙 江	2128538	412085	74513	40927	19784
安 徽	1226334	498038	73098	67138	69282
福 建	800173	303197	58422	94096	57553
江 西	854748	336176	62261	68384	36233
山 东	1796152	489194	336286	134061	77266
河 南	789253	458087	50705	21302	16455
湖 北	1471405	592533	338499	80616	154816
湖 南	836582	569200	36007	35625	22036
广 东	1343115	374191	147234	90242	74268
广 西	97282	30371	625	2924	3490
海 南	12831	8849	15	507	
重 庆	633780	401298	74362	10034	20127
四 川	1031781	641435	126954	46442	37345
贵 州	74373	47026	3470	951	3153
云 南	254715	97353	23866	44674	9972
西 藏	2015	129	25	11	
陕 西	215597	161562	13550	4995	1361
甘 肃	13122	842	1000	452	387
青 海	5173	82		1914	114
宁 夏	8355		312	1155	5958
新 疆	80460	25147			

4-40 续表　　单位：万元

地　区	文化、体育和娱乐用房屋	厂房及建筑物	仓　库	其他未列明的房屋建筑物
全国总计	**339417**	**4978671**	**174982**	**1178277**
北　京		47338	34	4429
天　津	1559	61496	960	45173
河　北	158	54714	1588	13751
山　西	956	64571	346	4305
内蒙古				
辽　宁	1397	50063	2300	8317
吉　林		19467	32	24978
黑龙江	166	4437	109	1538
上　海	45	90570		6296
江　苏	46909	511222	18411	131978
浙　江	27393	1324939	15590	213307
安　徽	4883	440625	23229	50043
福　建	10265	223685	3840	49117
江　西	24842	206147	6428	114278
山　东	19133	597676	57660	84877
河　南	14876	185214	16027	26588
湖　北	70521	110498	5093	118829
湖　南	1547	130245	8214	33708
广　东	89466	444194	4996	118525
广　西	299	47373	4654	7545
海　南	8	2695	738	18
重　庆	7964	83413	350	36232
四　川	1504	136774	3188	38139
贵　州	737	16828		2208
云　南	11755	41456	888	24751
西　藏		19		1831
陕　西	2401	23247	310	8172
甘　肃	416	6394		3631
青　海		2749		314
宁　夏	181	749		
新　疆	38	49875		5401

4-41 各地区专业承包建筑业企业主要生产效益指标

地区	建筑业企业个数（个）	从事建筑业活动的平均人数（人）	按总产值计算的劳动生产率（元/人）	人均竣工产值（元/人）	人均施工面积（平方米/人）	人均竣工面积（平方米/人）
全国总计	**40523**	**7136764**	**407071**	**161533**	**56.3**	**22.8**
北京	1677	381284	393955	183088	16.2	3.3
天津	1664	339180	242555	57260	40.9	13.5
河北	755	72306	566181	209640	78.3	33.1
山西	1240	109885	323491	116790	35.0	22.6
内蒙古	121	11384	385695	165106	1.5	0.8
辽宁	2450	143914	454204	161310	16.7	8.5
吉林	902	65760	429416	227167	58.7	19.5
黑龙江	510	33333	310551	99234	48.7	26.1
上海	1048	177988	545122	274615	26.5	12.0
江苏	4468	1208766	346214	235179	28.3	10.1
浙江	2606	581448	484016	189531	102.8	37.4
安徽	1802	325658	413294	129869	78.8	37.8
福建	2219	425023	320379	95613	63.7	16.1
江西	760	112591	591488	204209	89.0	53.4
山东	3370	380426	474868	194235	111.4	51.9
河南	3085	371720	420581	165649	54.7	25.6
湖北	1519	230688	673168	205116	124.1	33.2
湖南	847	249989	412400	206456	41.4	24.3
广东	3767	768985	486123	115503	59.1	19.6
广西	382	55088	488710	94961	41.6	22.6
海南	82	7008	667367	153465	16.7	7.9
重庆	1093	382847	202846	68477	45.6	31.2
四川	1473	310071	392018	113399	51.0	29.8
贵州	330	45483	386623	128254	43.1	6.6
云南	843	143775	347992	120583	47.5	21.5
西藏	21	1338	379347	212472	5.2	7.1
陕西	739	138832	416142	116061	48.7	19.6
甘肃	305	24539	478392	236076	135.9	3.0
青海	77	9110	378541	169890	9.7	1.7
宁夏	116	7325	408236	139271	29.8	14.8
新疆	252	21020	450395	197354	38.7	16.6

4-42 各地区专业承包建筑业企业资产构成

单位：万元

地 区	资产总计	#流动资产合计	#存货
全国总计	**345181080**	**293762746**	**34225960**
北 京	27480941	23695472	1705415
天 津	16140537	13392584	851492
河 北	7168673	6254083	1289323
山 西	6426848	5492532	527023
内蒙古	1188138	742648	157785
辽 宁	12013799	9975171	1009271
吉 林	3881076	3344709	364943
黑龙江	1807215	1603586	318157
上 海	14697637	12901614	1441492
江 苏	42187549	35134706	4793903
浙 江	29150276	24320302	3810639
安 徽	11822338	9957648	1476176
福 建	10478331	8547563	966288
江 西	4878216	3747940	680135
山 东	24459232	21224473	3327764
河 南	15978854	13446915	1382525
湖 北	15998670	14028141	1129958
湖 南	7847195	6338205	620237
广 东	43835180	38840095	3545676
广 西	2734335	2363386	256040
海 南	671366	607738	58644
重 庆	8942120	7678820	1213036
四 川	13669087	11477064	1343548
贵 州	3601911	3047880	403389
云 南	5702416	4959603	445975
西 藏	107908	74679	9394
陕 西	7261923	6464739	646480
甘 肃	2187580	1785854	160347
青 海	499472	419148	23717
宁 夏	645002	415329	44003
新 疆	1717257	1480117	223187

4-43 各地区专业承包建筑业企业固定资产情况

单位：万元

地区	固定资产原价	累计折旧	#本年折旧	在建工程
全国总计	**32511188**	**16209627**	**2437304**	**3973460**
北京	1689685	905829	103147	128964
天津	2045436	1591759	107826	128393
河北	684008	368365	40858	101790
山西	717236	353054	60540	106983
内蒙古	313611	146411	26686	4198
辽宁	1350942	761719	100963	76079
吉林	400116	212487	29796	94361
黑龙江	247591	134829	20116	20871
上海	1468436	738238	83914	145505
江苏	4708936	2221632	340399	567150
浙江	3247820	1446999	220072	206727
安徽	1238704	550585	105277	165397
福建	1149789	551700	106580	123425
江西	570197	285336	53576	115969
山东	2165161	1006116	182717	204512
河南	1518348	643963	128618	272624
湖北	1135989	555300	82982	167796
湖南	810425	392587	66019	97927
广东	2625984	1176412	236342	274059
广西	261365	142812	26133	17021
海南	80876	44100	7773	26314
重庆	682547	281725	53082	102262
四川	1223452	600047	74207	562213
贵州	221513	66689	18789	84233
云南	735864	414348	53504	74615
西藏	10409	3534	1103	10327
陕西	520961	264671	49871	67282
甘肃	205590	107827	18877	10623
青海	42717	26260	2841	1882
宁夏	135053	59850	12171	3576
新疆	302432	154444	22523	10386

4-44 各地区专业承包建筑业企业负债及所有者权益

单位：万元

地区	负债合计	#流动负债	#应付账款	所有者权益	#实收资本
全国总计	**236018216**	**220532346**	**98249270**	**109170240**	**58613415**
北京	20929938	20138858	9487800	6551024	4518835
天津	10625806	10335372	4152008	5514731	2235030
河北	4801204	4566526	2047486	2367470	1288408
山西	4072418	3851776	1875930	2354430	1553026
内蒙古	608862	605094	290455	579276	159124
辽宁	7924554	6242749	2585594	4093932	2314080
吉林	2472264	2362175	935674	1408812	903154
黑龙江	1020118	988773	415633	787097	543211
上海	10382932	9871694	4838373	4314705	2063248
江苏	25183390	23903332	11573700	17005077	7951566
浙江	20789514	19883575	8846311	8360762	4345706
安徽	8078645	7311472	2944063	3743693	1650211
福建	5958621	5361169	2199477	4519710	2857236
江西	2987590	2519262	1009098	1890626	1171535
山东	18399496	17636644	7841650	6059737	3658314
河南	8980867	8077764	3025285	6997988	4226968
湖北	11514931	10940837	6176362	4483738	2578074
湖南	5191073	4878325	2098979	2656122	1478365
广东	31734189	29582888	12248974	12102692	5236012
广西	2077504	1837833	803396	656831	461521
海南	393130	375495	159033	278236	123746
重庆	6391627	5629131	2225654	2550493	1300097
四川	10081700	9043477	3518365	3587436	2096450
贵州	2894999	2667002	887617	706912	340756
云南	3744812	3558834	1687314	1957605	1131504
西藏	66070	63778	25216	41838	24988
陕西	5344896	5127005	2844374	1917027	1299236
甘肃	1425988	1342841	558594	761592	501279
青海	356734	342917	233479	142738	115444
宁夏	302180	280348	117265	342822	148740
新疆	1282165	1205400	596112	435092	337551

4-45 各地区专业承包建筑业企业收入情况

单位：万元

地区	主营业务收入	主营业务成本	主营业务税金及附加	其他业务收入	其他业务利润
全国总计	**282807563**	**252414407**	**1328762**	**8457604**	**214596**
北京	19080174	16965555	56698	451005	33104
天津	9993784	9025199	43307	633921	8120
河北	4120788	3735812	17749	176993	4131
山西	4085124	3595531	18624	114963	6964
内蒙古	610393	511067	3799	11035	1574
辽宁	6508544	5718351	26125	437508	6016
吉林	2994686	2693232	13147	107350	-23308
黑龙江	1386803	1237388	4519	67595	1674
上海	11624199	10314471	33196	89334	12857
江苏	38770523	34075118	226507	311008	36624
浙江	27270986	24673925	81749	542245	40203
安徽	12215017	10853188	70180	264035	8181
福建	11673720	10415976	92322	367483	2092
江西	4124529	3608013	39252	1456030	2549
山东	18635285	16571987	84497	1038217	9151
河南	12832694	11380979	77436	126059	4032
湖北	14629784	13328531	64515	128837	12870
湖南	9094970	8243914	92414	468280	4465
广东	37860204	33914062	103282	600327	11966
广西	2078771	1782905	7631	180734	1500
海南	527855	455966	2614	9167	-150
重庆	7293051	6626742	53851	148495	6806
四川	10372474	9313226	47392	355291	7094
贵州	1608718	1433795	7557	63525	330
云南	4543893	3976377	26795	134034	2858
西藏	58779	51371	231		
陕西	5665576	5092648	21858	97174	10785
甘肃	1383657	1231819	5011	44803	11
青海	346646	309813	1228	4078	
宁夏	336114	297917	1954	13396	309
新疆	1079823	979530	3324	14683	1790

4-46 各地区专业承包建筑业企业费用情况

单位：万元

地　区	管理费用	销售费用	研发费用	财务费用	#利息收入	#利息支出
全国总计	**16344365**	**2546690**	**3304975**	**1646334**	**201468**	**1093285**
北　京	1248400	474506	296107	88439	35740	87392
天　津	585567	105958	138551	54097	6084	19307
河　北	258728	16105	32844	40025	3810	32096
山　西	303816	22704	71336	26605	2802	17440
内蒙古	85782	2442	2266	1357	386	1520
辽　宁	595856	50424	66485	25113	3432	15934
吉　林	205287	9192	22831	19112	2418	10452
黑龙江	117119	4299	4403	3965	868	1905
上　海	757696	175689	199937	52140	9942	33230
江　苏	2048203	287238	332413	264718	17047	173216
浙　江	1451152	312905	330799	138546	17399	123056
安　徽	683373	153599	115623	47075	13358	34803
福　建	652768	84900	49398	58262	3636	32939
江　西	280789	26698	27455	36979	1812	23831
山　东	1233817	113093	246618	129463	14294	70393
河　南	730099	99798	100062	71690	-400	28013
湖　北	574648	93288	185936	67169	5804	50577
湖　南	436732	60634	131028	32254	4236	15689
广　东	1941597	232298	650302	276550	19318	160669
广　西	174699	6387	42263	10000	1143	7471
海　南	46718	2625	3002	2665	568	2239
重　庆	409131	44379	31318	39873	4664	20933
四　川	552369	85001	105553	64001	7928	42621
贵　州	128385	8394	9295	17852	569	4838
云　南	322363	29514	33367	26704	4079	21120
西　藏	5252	71		224	4	41
陕　西	285103	32588	61539	34949	4828	46632
甘　肃	92732	6322	7951	8940	13468	8138
青　海	23623	689	358	958	316	484
宁　夏	34957	1046	1276	1507	632	1971
新　疆	77607	3905	4663	5105	1286	4339

4-47 各地区专业承包建筑业企业利润及税金情况

单位：万元

地区	利润总额	#所得税费用	税金总额	主营业务税金及附加	应交增值税
全国总计	**7610298**	**1335844**	**8258609**	**1328762**	**6929847**
北京	51242	40360	496686	56698	439988
天津	260376	37948	304975	43307	261668
河北	53915	15564	137553	17749	119804
山西	116493	15787	134911	18624	116287
内蒙古	3533	3619	22516	3799	18717
辽宁	163941	22284	204439	26125	178314
吉林	62943	8779	130373	13147	117226
黑龙江	28220	4474	47138	4519	42619
上海	141822	37311	286744	33196	253547
江苏	1635022	292723	1114589	226507	888082
浙江	590623	97229	614270	81749	532521
安徽	339761	47551	376255	70180	306075
福建	398019	63040	372918	92322	280596
江西	201873	37087	155938	39252	116687
山东	507089	77214	535411	84497	450914
河南	508604	85840	446985	77436	369549
湖北	466907	69095	511001	64515	446486
湖南	269497	41468	352918	92414	260504
广东	831517	159073	915006	103282	811723
广西	40014	8420	59741	7631	52110
海南	18933	4433	18948	2614	16334
重庆	172876	40430	241763	53851	187912
四川	296193	49417	307818	47392	260426
贵州	35656	7546	47123	7557	39567
云南	181619	31309	153687	26795	126893
西藏	1412	301	1872	231	1641
陕西	153962	19986	157488	21858	135630
甘肃	51429	10964	56090	5011	51079
青海	10615	1338	16542	1228	15314
宁夏	4987	1415	12262	1954	10308
新疆	11206	3842	24652	3324	21328

4-48 各地区专业承包建筑业企业应收工程款及企业亏损情况

地　　区	应收工程款（万元）	企业个数（个）	#亏损企业个数	亏损企业的比重（%）
全国总计	**100122467**	**40523**	**10000**	**24.7**
北　　京	8961172	1677	528	31.5
天　　津	4063884	1664	481	28.9
河　　北	1961064	755	201	26.6
山　　西	1946417	1240	354	28.5
内 蒙 古	263924	121	39	32.2
辽　　宁	2938985	2450	811	33.1
吉　　林	1259954	902	259	28.7
黑 龙 江	493054	510	167	32.7
上　　海	4065725	1048	343	32.7
江　　苏	12035920	4468	690	15.4
浙　　江	7984627	2606	737	28.3
安　　徽	3432174	1802	374	20.8
福　　建	3206137	2219	396	17.8
江　　西	1024929	760	134	17.6
山　　东	8509625	3370	809	24.0
河　　南	5149376	3085	699	22.7
湖　　北	4875038	1519	287	18.9
湖　　南	2112917	847	160	18.9
广　　东	12898008	3767	943	25.0
广　　西	614276	382	169	44.2
海　　南	219191	82	18	22.0
重　　庆	2644927	1093	286	26.2
四　　川	2956192	1473	262	17.8
贵　　州	783422	330	101	30.6
云　　南	1685123	843	290	34.4
西　　藏	25683	21	3	14.3
陕　　西	2580867	739	167	22.6
甘　　肃	568160	305	104	34.1
青　　海	205246	77	30	39.0
宁　　夏	141455	116	53	45.7
新　　疆	514998	252	105	41.7

4-49 各地区专业承包建筑业企业主要经济效益指标

地　区	产值利润率(%)	产值利税率(%)	资本利润率(%)	资本利税率(%)	人均利润(元/人)	人均利税(元/人)	资产负债率(%)
全国总计	**2.6**	**5.5**	**13.0**	**27.1**	**10664**	**22235**	**68.4**
北　京	0.3	3.6	1.1	12.1	1344	14371	76.2
天　津	3.2	6.9	11.6	25.3	7677	16668	65.8
河　北	1.3	4.7	4.2	14.9	7457	26480	67.0
山　西	3.3	7.1	7.5	16.2	10601	22879	63.4
内蒙古	0.8	5.9	2.2	16.4	3103	22882	51.2
辽　宁	2.5	5.6	7.1	15.9	11392	25597	66.0
吉　林	2.2	6.8	7.0	21.4	9572	29397	63.7
黑龙江	2.7	7.3	5.2	13.9	8466	22608	56.4
上　海	1.5	4.4	6.9	20.8	7968	24078	70.6
江　苏	3.9	6.6	20.6	34.6	13526	22747	59.7
浙　江	2.1	4.3	13.6	27.7	10158	20722	71.3
安　徽	2.5	5.3	20.6	43.4	10433	21987	68.3
福　建	2.9	5.7	13.9	27.0	9365	18139	56.9
江　西	3.0	5.4	17.2	30.5	17930	31780	61.2
山　东	2.8	5.8	13.9	28.5	13330	27403	75.2
河　南	3.3	6.1	12.0	22.6	13682	25707	56.2
湖　北	3.0	6.3	18.1	37.9	20240	42391	72.0
湖　南	2.6	6.0	18.2	42.1	10780	24898	66.2
广　东	2.2	4.7	15.9	33.4	10813	22712	72.4
广　西	1.5	3.7	8.7	21.6	7264	18108	76.0
海　南	4.0	8.1	15.3	30.6	27016	54053	58.6
重　庆	2.2	5.3	13.3	31.9	4516	10830	71.5
四　川	2.4	5.0	14.1	28.8	9552	19480	73.8
贵　州	2.0	4.7	10.5	24.3	7839	18200	80.4
云　南	3.6	6.7	16.1	29.6	12632	23322	65.7
西　藏	2.8	6.5	5.7	13.1	10555	24544	61.2
陕　西	2.7	5.4	11.9	24.0	11090	22434	73.6
甘　肃	4.4	9.2	10.3	21.4	20958	43816	65.2
青　海	3.1	7.9	9.2	23.5	11651	29810	71.4
宁　夏	1.7	5.8	3.4	11.6	6808	23549	46.8
新　疆	1.2	3.8	3.3	10.6	5331	17059	74.7

4-50 各地区按资质等级划分的专业承包建筑业企业单位数

单位：个

地　区	合计	一级	二级	三级及以下
全国总计	**40523**	**8307**	**19622**	**12594**
北　京	1677	551	811	315
天　津	1664	225	901	538
河　北	755	149	279	327
山　西	1240	155	542	543
内蒙古	121	20	53	48
辽　宁	2450	323	853	1274
吉　林	902	73	390	439
黑龙江	510	70	317	123
上　海	1048	282	492	274
江　苏	4468	841	2102	1525
浙　江	2606	631	1454	521
安　徽	1802	556	828	418
福　建	2219	568	1308	343
江　西	760	117	440	203
山　东	3370	645	1708	1017
河　南	3085	706	1627	752
湖　北	1519	301	799	419
湖　南	847	268	327	252
广　东	3767	729	1854	1184
广　西	382	56	203	123
海　南	82	25	35	22
重　庆	1093	194	402	497
四　川	1473	250	771	452
贵　州	330	39	183	108
云　南	843	195	303	345
西　藏	21	3	12	6
陕　西	739	228	297	214
甘　肃	305	41	143	121
青　海	77	3	34	40
宁　夏	116	16	64	36
新　疆	252	47	90	115

4-51 各地区按资质等级划分的专业承包建筑业企业从业人员

单位：人

地区	合计	一级	二级	三级及以下
全国总计	**5437649**	**2318160**	**1769665**	**1349824**
北京	144255	86807	41908	15540
天津	248118	25953	79960	142205
河北	58572	21315	15553	21704
山西	90607	20844	23430	46333
内蒙古	9895	2600	5100	2195
辽宁	115029	30468	33958	50603
吉林	60911	9731	24882	26298
黑龙江	20216	5177	10893	4146
上海	112413	58414	32497	21502
江苏	742404	342369	262499	137536
浙江	474089	282086	140931	51072
安徽	298719	139901	115018	43800
福建	382564	176383	151123	55058
江西	91640	25924	46924	18792
山东	332275	190532	83175	58568
河南	341650	156520	136090	49040
湖北	181427	82130	62919	36378
湖南	229229	82879	76851	69499
广东	611969	334147	171759	106063
广西	43918	16202	17619	10097
海南	5681	1891	2642	1148
重庆	278508	39933	44786	193789
四川	281509	81358	113551	86600
贵州	26360	5549	10990	9821
云南	108869	43514	28906	36449
西藏	1404	56	928	420
陕西	100522	45526	18898	36098
甘肃	19326	4055	5405	9866
青海	4393	818	1644	1931
宁夏	5117	988	2567	1562
新疆	16060	4090	6259	5711

4-52 各地区按资质等级划分的专业承包企业建筑业总产值

单位：万元

地区	合计	一级	二级	三级及以下
全国总计	**290516980**	**158026259**	**82467047**	**50023674**
北京	15020887	10676168	3381106	963614
天津	8226983	2966005	2821719	2439260
河北	4093831	1574219	1416336	1103277
山西	3554682	1296262	1163856	1094564
内蒙古	439076	86586	228646	123844
辽宁	6536637	2691834	1740243	2104560
吉林	2823842	674449	1204613	944780
黑龙江	1035159	248414	588427	198317
上海	9702510	6516090	1921432	1264989
江苏	41849160	25165999	11084419	5598743
浙江	28143034	17379128	7531670	3232236
安徽	13459263	6924241	4537511	1997511
福建	13616843	6793706	4793798	2029339
江西	6659619	3450120	2239327	970172
山东	18065221	10517785	4940376	2607060
河南	15633842	7975584	4978350	2679908
湖北	15529188	9141534	4765596	1622058
湖南	10309550	5704625	2414399	2190525
广东	37382102	22408955	9121307	5851839
广西	2692208	1311206	938842	442160
海南	467691	176211	192536	98944
重庆	7765893	2661982	1721511	3382401
四川	12155350	4885033	4608118	2662199
贵州	1758479	510008	836106	412365
云南	5003249	2204737	1276462	1522049
西藏	50757	5390	38266	7100
陕西	5777384	3204630	1128480	1444274
甘肃	1173926	427989	258335	487602
青海	344851	102673	88526	153652
宁夏	299033	82929	144580	71525
新疆	946730	261768	362155	322807

4–53 各地区按资质等级划分的专业承包建筑业企业签订合同额

单位：万元

地区	合计	一级	二级	三级及以下
全国总计	**460130430**	**253925553**	**131659316**	**74545561**
北京	23982912	17832952	4782869	1367090
天津	12472182	5665418	3994239	2812526
河北	6300145	2434062	2202642	1663442
山西	5620793	2134095	2127103	1359595
内蒙古	905117	153270	557519	194329
辽宁	9526064	4198439	2422161	2905465
吉林	5077275	1677443	1904898	1494934
黑龙江	2162884	609852	1235091	317941
上海	16061256	11239490	2914778	1906989
江苏	52643266	34225859	11849979	6567428
浙江	41014511	23808879	12882984	4322648
安徽	19438343	9469735	6715371	3253237
福建	21743116	10649683	8289103	2804330
江西	9881127	5378526	3040430	1462170
山东	26003841	15687873	6770178	3545790
河南	21667037	11634106	6539015	3493916
湖北	28379557	14430423	11664293	2284842
湖南	14466673	8949845	3060865	2455963
广东	74180121	42595241	18656819	12928060
广西	4609860	2196508	1693481	719870
海南	922693	358318	377929	186447
重庆	10895199	4197033	2448116	4250051
四川	23982763	12004343	7559470	4418950
贵州	4554317	1366274	2366703	821340
云南	7690497	3763560	2200444	1726493
西藏	82192	9608	53160	19424
陕西	11016559	5467005	1833360	3716194
甘肃	2310648	979707	513628	817313
青海	482588	134411	144599	203578
宁夏	433871	113256	223209	97406
新疆	1623022	560340	634882	427801

4-54 各地区按资质等级划分的专业承包建筑业企业竣工产值

单位：万元

地　区	合计	一级	二级	三级及以下
全国总计	**115281987**	**61438326**	**34166349**	**19677313**
北　京	6980859	5008450	1502677	469732
天　津	1942140	857313	604720	480107
河　北	1515824	614176	493727	407921
山　西	1283342	301410	561644	420289
内蒙古	187957	24777	130333	32846
辽　宁	2321478	865453	659996	796029
吉　林	1493848	388516	540445	564887
黑龙江	330776	65084	189525	76167
上　海	4887825	3216930	1082356	588538
江　苏	28427582	17451985	7458146	3517452
浙　江	11020248	6232038	3409243	1378967
安　徽	4229295	2070814	1602500	555982
福　建	4063769	2006271	1527334	530164
江　西	2299205	776873	1094281	428050
山　东	7389198	4159844	2211268	1018086
河　南	6157501	3061570	2180736	915195
湖　北	4731772	2753840	1235098	742834
湖　南	5161185	2480658	1305686	1374841
广　东	8882016	4988845	2256131	1637040
广　西	523120	180620	203365	139136
海　南	107548	60767	18457	28324
重　庆	2621637	849626	743476	1028535
四　川	3516181	986300	1601316	928565
贵　州	583338	215842	236166	131330
云　南	1733683	510293	482040	741350
西　藏	28429	3771	20922	3736
陕　西	1611302	861531	478794	270978
甘　肃	579307	220694	81535	277078
青　海	154770	76467	17381	60923
宁　夏	102016	14014	49414	38588
新　疆	414839	133553	187638	93647

4-55 各地区按资质等级划分的专业承包建筑业企业房屋施工面积

单位：万平方米

地区	合计	一级	二级	三级及以下
全国总计	**40165**	**15597**	**17303**	**7265**
北京	616	405	154	58
天津	1387	152	466	770
河北	567	104	369	93
山西	385	8	310	67
内蒙古	2		2	
辽宁	240	33	73	134
吉林	386	239	85	62
黑龙江	162	3	136	23
上海	471	341	97	33
江苏	3415	1150	1747	519
浙江	5978	3660	2059	258
安徽	2567	1003	1126	438
福建	2707	882	1135	690
江西	1002	199	642	162
山东	4237	2830	1049	358
河南	2035	545	1263	227
湖北	2863	1018	1502	342
湖南	1034	611	237	187
广东	4545	1032	2997	516
广西	229	119	74	36
海南	12		12	
重庆	1745	179	384	1182
四川	1580	318	708	554
贵州	196	89	96	10
云南	683	322	297	65
西藏	1		1	
陕西	676	329	218	129
甘肃	333	2	2	329
青海	9		7	2
宁夏	22		20	1
新疆	81	26	36	19

4-56 各地区按资质等级划分的专业承包建筑业企业房屋竣工面积

单位：万平方米

地 区	合计	一级	二级	三级及以下
全国总计	**16255**	**6109**	**6723**	**3423**
北 京	127	61	52	14
天 津	458	54	187	216
河 北	239	55	114	70
山 西	249	32	150	66
内蒙古	1		1	
辽 宁	122	25	38	59
吉 林	128	62	19	48
黑龙江	87		71	16
上 海	214	150	36	28
江 苏	1224	417	597	209
浙 江	2176	1205	832	139
安 徽	1231	500	500	230
福 建	683	390	271	22
江 西	602	128	351	123
山 东	1973	1170	691	112
河 南	952	298	527	127
湖 北	765	279	326	160
湖 南	607	271	153	183
广 东	1504	473	774	257
广 西	124	46	35	43
海 南	6		4	2
重 庆	1196	41	206	949
四 川	923	247	484	192
贵 州	30	13	13	5
云 南	309	134	128	46
西 藏	1		1	
陕 西	272	29	143	99
甘 肃	7		1	6
青 海	2		1	
宁 夏	11		10	
新 疆	35	26	9	

4-57 各地区按资质等级划分的专业承包建筑业企业实收资本

单位：万元

地　区	合计	一级	二级	三级及以下
全国总计	**58613415**	**27456488**	**19203069**	**11953859**
北　京	4518835	2919716	1163337	435782
天　津	2235030	1150749	643880	440401
河　北	1288408	465892	371576	450940
山　西	1553026	449661	588612	514753
内蒙古	159124	37633	72891	48600
辽　宁	2314080	810548	670198	833334
吉　林	903154	207443	309922	385790
黑龙江	543211	126190	312211	104810
上　海	2063248	1134691	606183	322375
江　苏	7951566	3412279	2744650	1794637
浙　江	4345706	2478220	1193374	674112
安　徽	1650211	837862	513540	298809
福　建	2857236	1464355	986384	405997
江　西	1171535	417259	580298	173978
山　东	3658314	1506881	1327205	824228
河　南	4226968	2174155	1345858	706956
湖　北	2578074	1096741	1128963	352370
湖　南	1478365	821978	365132	291256
广　东	5236012	2701429	1479762	1054821
广　西	461521	223775	138292	99454
海　南	123746	47605	58554	17586
重　庆	1300097	576799	400491	322807
四　川	2096450	901957	872821	321672
贵　州	340756	76284	165139	99333
云　南	1131504	453712	299287	378505
西　藏	24988	2440	18434	4115
陕　西	1299236	610512	418984	269740
甘　肃	501279	199102	187343	114834
青　海	115444	7017	62786	45641
宁　夏	148740	44413	61020	43307
新　疆	337551	99189	115445	122918

4-58 各地区按资质等级划分的专业承包建筑业企业资产

单位：万元

地　区	合计	一级	二级	三级及以下
全国总计	**345181080**	**184257284**	**102028128**	**58895668**
北　京	27480941	18478010	7361031	1641900
天　津	16140537	9210107	3920321	3010109
河　北	7168673	2459458	2871698	1837518
山　西	6426848	2513235	2072221	1841392
内蒙古	1188138	424060	492629	271449
辽　宁	12013799	3977164	4470229	3566405
吉　林	3881076	1129089	1332425	1419562
黑龙江	1807215	444549	1060275	302391
上　海	14697637	9301956	3309748	2085934
江　苏	42187549	23790789	10926318	7470442
浙　江	29150276	17924379	7482944	3742954
安　徽	11822338	6010908	3972439	1838991
福　建	10478331	5204915	3467704	1805712
江　西	4878216	1510246	2418256	949714
山　东	24459232	13056014	7301413	4101806
河　南	15978854	8883475	4901501	2193878
湖　北	15998670	9414781	4945077	1638812
湖　南	7847195	4769534	1782818	1294843
广　东	43835180	24882047	11833482	7119651
广　西	2734335	1315084	869609	549642
海　南	671366	212292	279577	179497
重　庆	8942120	3708967	2741997	2491155
四　川	13669087	6431909	5118072	2119107
贵　州	3601911	538050	2286961	776900
云　南	5702416	2869374	1337284	1495758
西　藏	107908	12794	67725	27388
陕　西	7261923	4005449	1674709	1581765
甘　肃	2187580	1029216	617793	540571
青　海	499472	124915	169429	205129
宁　夏	645002	114756	403192	127054
新　疆	1717257	509765	539251	668242

4-59 各地区按资质等级划分的专业承包建筑业企业所有者权益

单位：万元

地　区	合计	一级	二级	三级及以下
全国总计	**109170240**	**56232811**	**32332438**	**20604991**
北　京	6551024	4695574	1276726	578724
天　津	5514731	3679738	1016850	818142
河　北	2367470	660742	1080743	625984
山　西	2354430	901571	743166	709693
内蒙古	579276	281854	191576	105846
辽　宁	4093932	1496310	1158162	1439460
吉　林	1408812	353357	454172	601282
黑龙江	787097	176934	477273	132890
上　海	4314705	2350190	1212208	752308
江　苏	17005077	8586391	5157348	3261338
浙　江	8360762	5308529	1865731	1186503
安　徽	3743693	1798518	1223737	721438
福　建	4519710	2290673	1510282	718755
江　西	1890626	653806	976587	260233
山　东	6059737	2890034	1957191	1212512
河　南	6997988	3889845	2058072	1050071
湖　北	4483738	2201796	1676365	605577
湖　南	2656122	1580415	590762	484945
广　东	12102692	7037525	2790621	2274547
广　西	656831	291176	220539	145116
海　南	278236	95499	132027	50711
重　庆	2550493	939795	934198	676500
四　川	3587436	1470113	1513004	604320
贵　州	706912	109374	401013	196524
云　南	1957605	1005520	422044	530041
西　藏	41838	4049	22022	15767
陕　西	1917027	940325	554320	422382
甘　肃	761592	373029	247402	141162
青　海	142738	9408	77264	56066
宁　夏	342822	50680	240814	51328
新　疆	435092	110042	150221	174829

4-60 各地区按资质等级划分的专业承包建筑业企业负债

单位：万元

地　区	合计	一级	二级	三级及以下
全国总计	**236018216**	**128024473**	**69703067**	**38290676**
北　京	20929938	13782435	6084327	1063176
天　津	10625806	5530369	2903471	2191966
河　北	4801204	1798716	1790954	1211534
山　西	4072418	1611664	1329055	1131699
内蒙古	608862	142206	301053	165603
辽　宁	7924554	2480854	3316755	2126945
吉　林	2472264	775731	878253	818280
黑龙江	1020118	267615	583003	169501
上　海	10382932	6951766	2097540	1333626
江　苏	25183390	15204398	5769888	4209104
浙　江	20789514	12615850	5617213	2556451
安　徽	8078645	4212390	2748702	1117553
福　建	5958621	2914243	1957422	1086956
江　西	2987590	856440	1441670	689480
山　东	18399496	10165980	5344222	2889294
河　南	8980867	4993630	2843429	1143808
湖　北	11514931	7212985	3268712	1033235
湖　南	5191073	3189119	1192056	809899
广　东	31734189	17844523	9044562	4845104
广　西	2077504	1023908	649070	404526
海　南	393130	116793	147550	128786
重　庆	6391627	2769172	1807800	1814655
四　川	10081700	4961796	3605117	1514787
贵　州	2894999	428676	1885947	580376
云　南	3744812	1863854	915241	965717
西　藏	66070	8745	45704	11621
陕　西	5344896	3065124	1120389	1159383
甘　肃	1425988	656187	370392	399409
青　海	356734	115507	92164	149063
宁　夏	302180	64076	162379	75726
新　疆	1282165	399723	389030	493413

4-61 各地区按资质等级划分的专业承包建筑业企业营业收入

单位：万元

地　区	合计	一级	二级	三级及以下
全国总计	**291265167**	**156739322**	**83405697**	**51120148**
北　京	19531179	13034437	5090305	1406437
天　津	10627706	4457242	3355918	2814546
河　北	4297781	1666992	1398904	1231885
山　西	4200087	1525438	1408156	1266493
内蒙古	621428	153119	323328	144981
辽　宁	6946052	2477784	1981955	2486313
吉　林	3102036	798390	1296966	1006680
黑龙江	1454397	356120	821029	277248
上　海	11713533	7631505	2449326	1632703
江　苏	39081531	22200179	10886040	5995311
浙　江	27813231	16521202	7688853	3603176
安　徽	12479052	6505502	4021799	1951751
福　建	12041202	5925522	4295965	1819715
江　西	5580558	2958489	1783777	838292
山　东	19673501	10821059	5664331	3188111
河　南	12958753	7107909	4054496	1796348
湖　北	14758621	8412639	4634001	1711981
湖　南	9563250	5322968	2248252	1992030
广　东	38460531	22985207	9507020	5968304
广　西	2259505	1114496	697506	447503
海　南	537021	195496	224397	117128
重　庆	7441546	2606700	1775584	3059262
四　川	10727765	5085307	3593739	2048719
贵　州	1672243	413984	794229	464030
云　南	4677927	2228405	1197176	1252346
西　藏	58780	7063	41311	10406
陕　西	5762750	3217396	1168398	1376957
甘　肃	1428460	555745	316886	555829
青　海	350724	105420	102685	142619
宁　夏	349510	81248	190001	78261
新　疆	1094506	266361	393363	434782

4-62 各地区按资质等级划分的专业承包建筑业企业利税总额

单位：万元

地区	合计	一级	二级	三级及以下
全国总计	**15868907**	**7845337**	**4920442**	**3103129**
北京	547928	324536	172441	50951
天津	565351	276098	143641	145611
河北	191468	79125	61941	50402
山西	251404	98396	67992	85016
内蒙古	26049	4168	13266	8614
辽宁	368380	136279	99553	132549
吉林	193316	86946	45512	60858
黑龙江	75358	16586	43182	15590
上海	428565	254816	91465	82285
江苏	2749611	1351257	934960	463394
浙江	1204892	703380	303400	198112
安徽	716016	357035	244493	114488
福建	770937	372566	289982	108389
江西	357811	96969	199280	61562
山东	1042500	535752	317237	189511
河南	955589	496173	321915	137500
湖北	977908	508381	353930	115597
湖南	622415	309377	150864	162174
广东	1746522	992801	464544	289177
广西	99755	59043	25139	15573
海南	37881	14576	16224	7081
重庆	414639	102400	127308	184931
四川	604011	246047	213281	144683
贵州	82779	16652	37979	28147
云南	335306	182158	62642	90506
西藏	3284	330	2059	896
陕西	311450	152898	64344	94207
甘肃	107519	50695	17729	39096
青海	27157	11233	7792	8132
宁夏	17249	4538	11147	1565
新疆	35858	4125	15200	16533

4−63 各地区按资质等级划分的专业承包建筑业企业利润总额

单位：万元

地区	合计	一级	二级	三级及以下
全国总计	**7610298**	**3811227**	**2294453**	**1504619**
北京	51242	10320	26387	14535
天津	260376	186270	30506	43600
河北	53915	24250	11973	17692
山西	116493	54956	25298	36239
内蒙古	3533	-745	712	3566
辽宁	163941	67769	41933	54239
吉林	62943	12841	17512	32590
黑龙江	28220	7880	12858	7483
上海	141822	88637	21587	31597
江苏	1635022	791775	562576	280671
浙江	590623	356966	112439	121218
安徽	339761	156624	122486	60652
福建	398019	188811	147928	61281
江西	201873	55309	115347	31217
山东	507089	259495	160432	87163
河南	508604	254047	184409	70148
湖北	466907	249104	165363	52440
湖南	269497	143689	59634	66174
广东	831517	467563	226502	137452
广西	40014	30534	7994	1486
海南	18933	7816	8423	2694
重庆	172876	29665	66674	76536
四川	296193	130472	91318	74403
贵州	35656	9071	11107	15478
云南	181619	121832	18677	41110
西藏	1412	56	805	550
陕西	153962	72671	23522	57770
甘肃	51429	29509	5663	16257
青海	10615	4832	3728	2055
宁夏	4987	1310	5417	-1740
新疆	11206	-2102	5244	8065

4–64 各地区按资质等级划分的专业承包建筑业企业税金总额

单位：万元

地　区	合计	一级	二级	三级及以下
全国总计	**8258609**	**4034109**	**2625989**	**1598510**
北　京	496686	314216	146055	36415
天　津	304975	89828	113136	102011
河　北	137553	54875	49968	32710
山　西	134911	43441	42694	48777
内蒙古	22516	4913	12554	5049
辽　宁	204439	68510	57620	78310
吉　林	130373	74105	28000	28268
黑龙江	47138	8706	30324	8107
上　海	286744	166178	69878	50687
江　苏	1114589	559482	372383	182723
浙　江	614270	346414	190961	76895
安　徽	376255	200411	122007	53837
福　建	372918	183755	142054	47109
江　西	155938	41660	83933	30345
山　东	535411	276257	156805	102349
河　南	446985	242126	137506	67352
湖　北	511001	259277	188567	63157
湖　南	352918	165688	91230	96000
广　东	915006	525238	238043	151725
广　西	59741	28510	17145	14087
海　南	18948	6760	7801	4387
重　庆	241763	72735	60634	108395
四　川	307818	115576	121963	70280
贵　州	47123	7581	26873	12670
云　南	153687	60325	43966	49396
西　藏	1872	273	1253	346
陕　西	157488	80228	40823	36437
甘　肃	56090	21186	12065	22839
青　海	16542	6401	4064	6077
宁　夏	12262	3228	5730	3305
新　疆	24652	6227	9956	8469

4-65 各地区按资质等级划分的专业承包建筑业企业主营业务收入

单位：万元

地区	合计	一级	二级	三级及以下
全国总计	**282807563**	**152390200**	**81053250**	**49364114**
北京	19080174	12693958	5009700	1376515
天津	9993784	4340059	3060902	2592823
河北	4120788	1609337	1346010	1165441
山西	4085124	1478206	1385187	1221731
内蒙古	610393	152755	313271	144367
辽宁	6508544	2357960	1841387	2309197
吉林	2994686	785788	1272079	936819
黑龙江	1386803	351083	767860	267860
上海	11624199	7588183	2416497	1619519
江苏	38770523	22065164	10772724	5932636
浙江	27270986	16258559	7573952	3438476
安徽	12215017	6421196	3890942	1902880
福建	11673720	5789678	4115770	1768271
江西	4124529	1627619	1700282	796627
山东	18635285	10207732	5442127	2985426
河南	12832694	7019229	4030224	1783241
湖北	14629784	8359950	4600351	1669483
湖南	9094970	4993103	2150366	1951502
广东	37860204	22733415	9282873	5843916
广西	2078771	1071818	581916	425037
海南	527855	195118	217251	115486
重庆	7293051	2571680	1707438	3013932
四川	10372474	4962553	3445848	1964073
贵州	1608718	413884	778601	416233
云南	4543893	2175189	1180590	1188115
西藏	58779	7063	41311	10406
陕西	5665576	3173354	1142721	1349500
甘肃	1383657	546100	315619	521939
青海	346646	102448	101579	142619
宁夏	336114	73281	185559	77275
新疆	1079823	264739	382313	432770

4-66 各地区按资质等级划分的专业承包建筑业企业管理费用

单位：万元

地　区	合计	一级	二级	三级及以下
全国总计	**16344365**	**7014035**	**5613247**	**3717084**
北　京	1248400	710829	392214	145358
天　津	585567	144626	243850	197091
河　北	258728	86631	100795	71303
山　西	303816	92591	107783	103443
内蒙古	85782	17864	50039	17878
辽　宁	595856	186736	175967	233153
吉　林	205287	59177	65376	80733
黑龙江	117119	20756	75251	21112
上　海	757696	382603	216220	158873
江　苏	2048203	905973	691568	450661
浙　江	1451152	699721	487720	263712
安　徽	683373	293092	259675	130606
福　建	652768	293168	257684	101916
江　西	280789	103575	100204	77010
山　东	1233817	517987	442171	273660
河　南	730099	334735	295337	100028
湖　北	574648	314983	178101	81564
湖　南	436732	194021	138607	104105
广　东	1941597	867851	590961	482786
广　西	174699	65659	63112	45929
海　南	46718	18636	14553	13529
重　庆	409131	148630	129970	130531
四　川	552369	212706	238561	101103
贵　州	128385	23211	62194	42980
云　南	322363	123060	80378	118925
西　藏	5252	1025	3011	1217
陕　西	285103	135531	72831	76742
甘　肃	92732	26173	23546	43013
青　海	23623	3047	7308	13268
宁　夏	34957	7415	17964	9578
新　疆	77607	22028	30301	25279

4-67 各地区按资质等级划分的专业承包建筑业企业财务费用

单位：万元

地区	合计	一级	二级	三级及以下
全国总计	**1646334**	**853449**	**485113**	**307772**
北京	88439	64318	19762	4359
天津	54097	31264	14196	8637
河北	40025	9688	21918	8418
山西	26605	8506	11479	6620
内蒙古	1357	390	820	147
辽宁	25113	2670	10859	11585
吉林	19112	4751	6922	7438
黑龙江	3965	632	2619	714
上海	52140	25092	14173	12875
江苏	264718	132716	69451	62550
浙江	138546	87265	35604	15678
安徽	47075	21880	18299	6896
福建	58262	36461	15510	6191
江西	36979	8002	22556	6421
山东	129463	66218	37154	26092
河南	71690	34574	25781	11335
湖北	67169	50535	9994	6640
湖南	32254	18336	5802	8116
广东	276550	155336	76911	44302
广西	10000	5289	2173	2538
海南	2665	1408	1049	208
重庆	39873	21758	9480	8636
四川	64001	31110	23791	9101
贵州	17852	3364	13111	1376
云南	26704	8459	8007	10239
西藏	224	15	82	127
陕西	34949	14632	4129	16187
甘肃	8940	5734	1243	1964
青海	958	348	466	144
宁夏	1507	90	825	592
新疆	5105	2611	848	1646

4-68 各地区按资质等级划分的专业承包建筑业企业应收工程款

单位：万元

地　区	合计	一级	二级	三级及以下
全国总计	**100122467**	**56983141**	**26534868**	**16604458**
北　京	8961172	6006739	2450679	503754
天　津	4063884	1956072	1161169	946644
河　北	1961064	831597	583369	546098
山　西	1946417	708603	608705	629110
内蒙古	263924	70005	117432	76487
辽　宁	2938985	1326622	722312	890051
吉　林	1259954	330446	444174	485334
黑龙江	493054	128465	275577	89012
上　海	4065725	2596854	814317	654554
江　苏	12035920	6500138	3429857	2105925
浙　江	7984627	5197858	1970156	816613
安　徽	3432174	2118825	923642	389706
福　建	3206137	1843345	958711	404081
江　西	1024929	404996	364690	255243
山　东	8509625	5077721	2069317	1362587
河　南	5149376	3068550	1403949	676877
湖　北	4875038	3213599	1244720	416718
湖　南	2112917	1151526	519046	442345
广　东	12898008	8595892	2699573	1602543
广　西	614276	299266	182434	132575
海　南	219191	69732	104144	45315
重　庆	2644927	1199631	523567	921729
四　川	2956192	1355151	1141538	459503
贵　州	783422	188110	360013	235300
云　南	1685123	912673	379372	393078
西　藏	25683	7487	9965	8232
陕　西	2580867	1384763	666040	530064
甘　肃	568160	208653	156061	203446
青　海	205246	69737	33439	102070
宁　夏	141455	40255	60184	41016
新　疆	514998	119830	156720	238449

五、各行业建筑业企业

5-1 各行业建筑业企业签订合同情况

单位：万元

行业	签订合同额	上年结转合同额	本年新签合同额
总计	**7126517670**	**3480823398**	**3645694272**
房屋建筑业	4060972464	2008261419	2052711045
土木工程建筑业	2560410814	1289581571	1270829243
铁路、道路、隧道和桥梁工程建筑	1805526267	941069505	864456762
水利和水运工程建筑	342091173	168489279	173601894
海洋工程建筑	4330507	1390099	2940409
工矿工程建筑	85399068	36587813	48811256
架线和管道工程建筑	114540527	42678508	71862019
建筑安装业	276127006	99817057	176309949
建筑装饰、装修和其他建筑业	229007386	83163351	145844035

5-2 各行业建筑业企业承包工程完成情况

单位：万元

行业	直接从建设单位承揽工程完成的产值	自行完成施工产值	分包出去工程的产值	从建设单位以外承揽工程完成的产值
总计	**2967999007**	**2839302412**	**128696595**	**240051381**
房屋建筑业	1817018037	1763974124	53043913	100853883
土木工程建筑业	876857918	811981358	64876561	98183768
铁路、道路、隧道和桥梁工程建筑	594800112	550183058	44617054	73322629
水利和内河港口工程建筑	101365883	94161598	7204286	9586736
海洋工程建	3124486	1860236	1264250	292844
工矿工程建筑	35985987	33596869	2389118	2527216
架线和管道工程建筑	59594061	53874810	5719251	4315552
建筑安装业	144359473	137067980	7291493	20993174
建筑装饰、装修和其他建筑业	129763579	126278951	3484629	20020556

5-3 各行业建筑业总产值和竣工产值

单位：万元

行　　业	建筑业总产值	#装饰装修产　　值	#在外省完成的产值
总　　计	**3079353793**	**128208816**	**1052783495**
房屋建筑业	1864828007	53646135	580017312
土木工程建筑业	910165125	4730141	374720906
铁路、道路、隧道和桥梁工程建筑	623505687	3357550	258146017
水利和水运工程建筑	103748333	172930	46211923
海洋工程建筑	2153080	11	512200
工矿工程建筑	36124084	124110	20823409
架线和管道工程建筑	58190363	155032	15175409
建筑安装业	158061154	2401048	56384435
建筑装饰、装修和其他建筑业	146299507	67431492	41660842

5-3 续表

单位：万元

行　　业	按构成分组			竣工产值
	建筑工程产值	安装工程产值	其他产值	
总　　计	**2726411064**	**256806249**	**96136480**	**1353413539**
房屋建筑业	1729892770	87785207	47150030	955556527
土木工程建筑业	806971090	70438067	32755968	265923342
铁路、道路、隧道和桥梁工程建筑	592367011	12222427	18916249	169860605
水利和水运工程建筑	96976207	2612096	4160031	25693640
海洋工程建筑	1057229	327226	768625	745743
工矿工程建筑	24007525	10197449	1919111	13544815
架线和管道工程建筑	28934717	27099908	2155737	26671142
建筑安装业	65783149	84202980	8075026	69376042
建筑装饰、装修和其他建筑业	123764055	14379996	8155456	62557628

5-4 各行业建筑业企业房屋建筑面积

行业	房屋施工面积(万平方米)	#本年新开工	房屋竣工面积(万平方米)	房屋竣工率(%)
总计	**1556364**	**434900**	**403393**	**25.9**
房屋建筑业	1421395	391288	368210	25.9
土木工程建筑业	100630	31300	22078	21.9
铁路、道路、隧道和桥梁工程建筑	66433	21609	15030	22.6
水利和水运工程建筑	9845	3134	1881	19.1
海洋工程建筑	4	2	3	72.9
工矿工程建筑	3648	913	732	20.1
架线和管道工程建筑	978	264	360	36.8
建筑安装业	20853	7165	7404	35.5
建筑装饰、装修和其他建筑业	13486	5147	5701	42.3

5-5 按主要用途分的各行业建筑业企业房屋竣工面积

单位：万平方米

行业	合计	住宅房屋	商业及服务用房屋	办公用房屋	科研、教育和医疗用房屋
总计	**403393**	**259128**	**26051**	**14577**	**20367**
房屋建筑业	368210	241325	23434	13338	18581
土木工程建筑业	22078	11199	1414	812	1351
铁路、道路、隧道和桥梁工程建筑	15030	7050	1000	680	1118
水利和水运工程建筑	1881	1195	130	44	128
海洋工程建筑	3				
工矿工程建筑	732	360	32	14	19
架线和管道工程建筑	360	61	33	2	1
建筑安装业	7404	3230	623	221	241
建筑装饰、装修和其他建筑业	5701	3373	579	207	194

5-5 续表 单位：万平方米

行业	文化、体育和娱乐用房屋	厂房及建筑物	仓库	其他未列明的房屋建筑物
总计	**4384**	**62191**	**2874**	**13821**
房屋建筑业	3809	53225	2459	12037
土木工程建筑业	363	5434	241	1264
铁路、道路、隧道和桥梁工程建筑	192	3946	173	871
水利和水运工程建筑	31	281	27	45
海洋工程建筑	1			1
工矿工程建筑	100	181	10	16
架线和管道工程建筑	3	146	3	111
建筑安装业	156	2588	151	194
建筑装饰、装修和其他建筑业	56	943	23	326

5-6 按主要用途分的各行业建筑业企业房屋竣工价值

单位：万元

行业	合计	住宅房屋	商业及服务用房屋	办公用房屋	科研、教育和医疗用房屋
总计	**810335770**	**494755417**	**57888475**	**36836187**	**58756099**
房屋建筑业	748346613	465802867	52776688	33351726	54283713
土木工程建筑业	46279873	21732772	3574625	2894679	3682131
铁路、道路、隧道和桥梁工程建筑	32495412	15149972	2575632	2604337	2889219
水利和内河港口工程建筑	4368324	2332134	387251	124272	427877
海洋工程建筑	15431	197			
工矿工程建筑	2101711	596426	78638	30985	121619
架线和管道工程建筑	864598	88255	164523	22429	1641
建筑安装业	10697861	4515477	1067467	351965	593055
建筑装饰、装修和其他建筑业	5011422	2704300	469696	237818	197200

5-6 续表

单位：万元

行　　业	文化、体育和娱乐用房屋	厂房及建筑物	仓　库	其他未列明的房屋建筑物
总　　计	**17888338**	**110067572**	**6452620**	**27691061**
房屋建筑业	16642195	95800189	5317277	24371959
土木工程建筑业	797578	9977096	902684	2718310
铁路、道路、隧道和桥梁工程建筑	451723	6517124	325695	1981711
水利和内河港口工程建筑	143772	665201	97049	190768
海洋工程建筑	10841	3157		1235
工矿工程建筑	140999	694294	417821	20931
架线和管道工程建筑	15916	384570	2751	184513
建筑安装业	390046	3285462	200411	293979
建筑装饰、装修和其他建筑业	58520	1004825	32249	306814

5-7 各行业建筑业企业主要生产效益指标

行　　业	建筑业企业个数（个）	从事建筑业活动的平均人数（人）	按总产值计算的劳动生产率（元/人）	人均竣工产值（元/人）	人均施工面积（平方米/人）	人均竣工面积（平方米/人）
总　　计	**143446**	**62744871**	**490774**	**215701**	**248.0**	**64.3**
房屋建筑业	68530	41064396	454123	232697	346.1	89.7
土木工程建筑业	40304	14795864	615148	179728	68.0	14.9
铁路、道路、隧道和桥梁工程建筑	24874	9911076	629100	171385	67.0	15.2
水利和水运工程建筑	3753	1472836	704412	174450	66.8	12.8
海洋工程建筑	55	14179	1518499	525949	3.1	2.3
工矿工程建筑	996	687038	525795	197148	53.1	10.7
架线和管道工程建筑	3843	1120246	519443	238083	8.7	3.2
建筑安装业	14435	3202867	493499	216606	65.1	23.1
建筑装饰、装修和其他建筑业	20177	3681744	397365	169913	36.6	15.5

5-8 各行业建筑业企业资产构成

单位：万元

行业	资产总计	#流动资产合计	#存货
总计	**3481527760**	**2730434877**	**326116297**
房屋建筑业	1689731781	1392317914	191160196
土木工程建筑业	1444596986	1037737326	100554862
铁路、道路、隧道和桥梁工程建筑	924231921	681251204	63373360
水利和水运工程建筑	205332232	130904396	11947729
海洋工程建筑	6220985	3790032	176911
工矿工程建筑	53298006	42784739	3168996
架线和管道工程建筑	79694508	67061428	10422324
建筑安装业	178739944	153326066	18414916
建筑装饰、装修和其他建筑业	168459048	147053571	15986324

5-9 各行业建筑业企业固定资产情况

单位：万元

行业	固定资产原价	累计折旧	#本年折旧	在建工程
总计	**230622608**	**113342130**	**15288375**	**42144655**
房屋建筑业	88878229	40118402	5802457	21251494
土木工程建筑业	113213297	59357922	7459327	17572238
铁路、道路、隧道和桥梁工程建筑	64448652	35038614	4687684	13076941
水利和水运工程建筑	19365808	8845702	978383	2020545
海洋工程建筑	1646646	1313643	86520	222733
工矿工程建筑	6468120	3632690	409175	220037
架线和管道工程建筑	10430218	5415225	580546	569604
建筑安装业	16140089	7953242	1028866	1681394
建筑装饰、装修和其他建筑业	12390993	5912564	997726	1639530

5-10 各行业建筑业企业负债及所有者权益

单位：万元

行业	负债合计	#流动负债	#应付账款	所有者权益	#实收资本
总计	**2512491072**	**2281719490**	**939762347**	**969053809**	**467743018**
房屋建筑业	1221860843	1119870785	456181367	467869089	233465875
土木工程建筑业	1048068413	931865237	379510971	396540116	178410993
铁路、道路、隧道和桥梁工程建筑	688311302	615030398	245511681	235932162	114328638
水利和水运工程建筑	143633707	119461975	51608463	61698525	23258315
海洋工程建筑	3346601	3101646	1774710	2874384	774236
工矿工程建筑	39284447	37196550	15367806	14013560	8098969
架线和管道工程建筑	56991315	54233080	24001099	22703193	11135261
建筑安装业	124087544	118564732	55121195	54657554	28168629
建筑装饰、装修和其他建筑业	118474272	111418736	48948814	49987050	27697521

5-11 各行业建筑业企业收入情况

单位：万元

行业	主营业务收入	主营业务成本	主营业务税金及附加	其他业务收入	其他业务利润
总计	**2680073892**	**2463236317**	**13104007**	**51230136**	**2153228**
房屋建筑业	1502324714	1392351117	8454435	27747943	817068
土木工程建筑业	876457796	800303752	3383731	14818233	1052979
铁路、道路、隧道和桥梁工程建筑	569240532	523253647	2052930	9092425	587795
水利和水运工程建筑	105446573	94424502	508647	1363521	182756
海洋工程建筑	3343433	3082935	10553	15652	121
工矿工程建筑	40695295	37335060	160700	511512	42078
架线和管道工程建筑	65716322	58959111	245069	1960360	101472
建筑安装业	162031431	145685044	659717	4703042	192051
建筑装饰、装修和其他建筑业	139259951	124896404	606124	3960918	91130

5-12 各行业建筑业企业费用情况

单位：万元

行业	管理费用	销售费用	研发费用	财务费用	#利息收入	#利息支出
总计	**82563936**	**7649395**	**34004483**	**16143343**	**6021700**	**15755659**
房屋建筑业	37405995	3061633	15384207	9064964	2435276	7658597
土木工程建筑业	29172092	2126657	15007258	5541309	3268872	7010747
铁路、道路、隧道和桥梁工程建筑	15385931	1155774	9551912	3308934	2378022	4232996
水利和水运工程建筑	3622500	221234	2331820	931409	454661	1314691
海洋工程建筑	79925	6454	100951	20185	4400	15880
工矿工程建筑	1624598	75521	704431	182296	89614	237691
架线和管道工程建筑	4105398	301275	728444	113336	130502	172417
建筑安装业	8459499	1114534	2064929	631820	225289	505835
建筑装饰、装修和其他建筑业	7526350	1346572	1548090	905250	92264	580480

5-13 各行业建筑业企业利润及税金情况

单位：万元

行业	利润总额	#所得税费用	税金总额	主营业务税金及附加	应交增值税
总计	**83814579**	**14636174**	**70056238**	**13104007**	**56952231**
房屋建筑业	43969183	8447218	41531520	8454434	33077085
土木工程建筑业	31669687	4628700	20103192	3383731	16719461
铁路、道路、隧道和桥梁工程建筑	19840431	2892134	12194419	2052930	10141489
水利和水运工程建筑	4050962	637866	2651878	508647	2143231
海洋工程建筑	167588	14145	52724	10553	42170
工矿工程建筑	802724	206336	1210734	160700	1050034
架线和管道工程建筑	2047793	438799	1744765	245069	1499696
建筑安装业	4930895	916034	4542121	659717	3882403
建筑装饰、装修和其他建筑业	3244814	644222	3879406	606124	3273282

5-14 各行业总承包和专业承包企业应收工程款及企业亏损情况

行业	应收工程款（万元）	企业个数（个）	#亏损企业个数	亏损企业的比重（%）
总　计	**697204552**	**143446**	**32015**	**22.3**
房屋建筑业	370160236	68530	14359	21.0
土木工程建筑业	230678326	40304	8943	22.2
铁路、道路、隧道和桥梁工程建筑	145335028	24874	5451	21.9
水利和水运工程建筑	28177249	3733	807	21.5
海洋工程建筑	1049444	55	14	25.5
工矿工程建筑	11939526	996	200	20.1
架线和管道工程建筑	15111475	3843	870	22.6
建筑安装业	46540514	14435	3361	23.3
建筑装饰、装修和其他建筑业	49825476	20177	5352	26.5

5-15 各行业总承包和专业承包企业主要经济效益指标

行业	产值利润率（%）	产值利税率（%）	资本利润率（%）	资本利税率（%）	人均利润（元/人）	人均利税（元/人）	资产负债率（%）
总　计	**2.7**	**5.0**	**17.9**	**32.9**	**13358**	**24523**	**72.2**
房屋建筑业	2.4	4.6	18.8	36.6	10707	20821	72.3
土木工程建筑业	3.5	5.7	17.8	29.0	21404	34991	72.6
铁路、道路、隧道和桥梁工程建筑	3.2	5.1	17.4	28.0	20018	32322	74.5
水利和水运工程建筑	3.9	6.5	17.4	28.8	27505	45510	70.0
海洋工程建筑	7.8	10.2	21.6	28.5	118195	155379	53.8
工矿工程建筑	2.2	5.6	9.9	24.9	11684	29306	73.7
架线和管道工程建筑	3.5	6.5	18.4	34.1	18280	33855	71.5
建筑安装业	3.1	6.0	17.5	33.6	15395	29577	69.4
建筑装饰、装修和其他建筑业	2.2	4.9	11.7	25.7	8813	19350	70.3